未来ブックシリーズ

フューチャーリーダーの条件

Future Leader

新時代を切り拓く7つの決め手

日本フィリップス副社長
新 将命

toExcel
San Jose New York Lincoln Shanghai

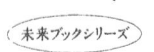

新時代を切り拓く7つの決め手

フューチャーリーダーの条件

新　将命

推薦のことば

資生堂株式会社会長
福原　義春

ありふれた云いかただが、「追いつけ・追い越せ」を合言葉に懸命になっていた、日本社会全体の目指そうとする目標が、急に霧の中にかくれてしまった。政界人も企業人も含めて、みんなが途方に暮れて、それでも依然アリのように働いている。もしかすると働いていることによって不安から逃れようと、はかない努力を続けているのかも知れない。

私自身のことだが、会社生活四十年をとっくに越えたけれど、これほど先の見えない時代はいまだかつて体験したことがない。でも、考えようによってはこんなに貴重なチャンスはないと、むしろ喜ぶべきではないか。

昏迷の時代には、みんながリーダーを待望する。だが、誰かがリーダーの地位に就いたからと云ってリーダーになれるとは限らない。リーダーとリーダーシップは、時により所により一致したり分離したりするのである。さらにまた、よきマネージャーはよきリーダーであるという保証もない。

新　将命さんにはお目にかかってゆっくりお話ししたことはないのだが、ジョンソン・エンド・ジョンソン株式会社にご在任中にお書きになったご本の中で、同社の基本理念「我が信条」（Our Credo）を紹介され、また、マネージメントの在るべき姿を教えられたのが、私自身の思想と行動の大きな基礎になった。その後、ビジネスコンサルタントとして、次々と出版されたビジネスリーダーのための著書を読ませていただき、大きな刺激を受け続けてきた。

その新さんが企業のリーダーを育てるための智恵や心がけを集大成されたのが、本書である。どうしたら仕事を楽しみ、ビジネスマンとしての能力を高めていくことができるのか。どうしたら企業の人財としての責任を果たし、リーダーとなることができるのか。そのためにいかにリーダーシップを培うか。リーダーを目指すビジネスマンには是非読んでもらいたい一冊だ。

また、リーダーとはただ多くの人々を統率するだけでなく、その人たちに火をつけ、動かし、生きがいを感じさせるものであるべきだ。それがまたフューチャーリーダーとして、一人ひとりが自らのリーダーであるべきことも知って頂けると思う。

はじめに

新　将命

私は「サラリーマン」と「ビジネスマン」とは別ものだと考えている。どう違うのか。

「サラリーマン」とは会社に仕事をしに行く人であり、「ビジネスマン」とは会社に結果を出しに行く人である。この両者の間には月とスッポンほどの差がある。これからのビジネス社会の中で必要とされ、生き残ることができるのはビジネスマンのみである。

ビジネスマンは三つに分かれる。

第一は、人を率いて、グイグイと組織の目標に向かってかり立てる人である。一定方向に人を導く人である。「導く」は英語でいえばリード（LEAD）であり、リードする人のことをリーダー（LEADER）という。こういう人が企業を伸ばす。そして、企業を伸ばす人は、その前に自分を伸ばす人である。

第二は、必ずしもリーダータイプではないが、ちょっとやそっとでは人が真似のできないような、何らかの優れた技術や技能を身につけた人である。何か「特別なスキル」を持っている。「特別」という言葉は英語では「スペシャル」であり、特別なスキルの持主のことをスペシャリストという。こういう人も企業にとっては重要な存在である。

第三は、リーダーでもスペシャリストでも無く、ただただ従順に人の後に従ってついて行くという人である。人の後に従うということをフォローという。そして、フォローするだけの人をフォロアー（追随者）という。

企業の論理から言えば、必要なのは第一のリーダーと第二のスペシャリストのみである。フォロアーはいくらでも代替が利くし、第一、それほど必要ともしない。

一方、個人の論理から言えば、人間にとっての最高の欲求である「自己実現の欲求」を果たすことができるためには、リーダーになるかスペシャリストになるかの選択肢があるのみで、フォロアーの立場で人の言うなりに動いているのでは自己実現は覚束無い。

人間誰でも一度しか経験できない一生の中で、目イッパイに自己実現を図るためには、「時間」という名の友達の助けをかりて、自分をリーダーか、そうでなければスペシャリストに仕上げることである。これにより人生は輝きを増す。

この本の目的は、私が四十年近いビジネスの経験から学びとった、リーダーのあり方についての考え方とリーダーシップの身につけ方を、実践的かつ、具体的に伝えることにある。

「賢者は歴史に学び、愚者は経験に学ぶ」という言葉がある。私は愚者の方に近いので、自分の経験から学んで来た。「経験こそわが師」と開き直りたい。

そこで、賢者であるあなたは、「一人の愚者の経験」という歴史から学んでいただきたいのである。「学ぶ」がおこがましく響けば「参考にする」でもよいと思う。

「今日の自分は昨日までの自分の結果である。将来の自分は今日からの自分の結果である」という。あなたが素晴らしいフューチャーをモノにしようという努力に対し、エールと共にこの本を送る。

フューチャーリーダーの条件――もくじ

第二章

第三章　マネージャーからリーダーへ

第四章 フューチャーリーダー 七つの条件――223

装幀——川上成夫
装画——得能　泉
編集協力——小林建司

プロローグ

リーダーをめざせ

本物のビジネスマンが求められる時代

いま、ビジネスマンを取り巻く環境が大きく変化しようとしている。

これまでは、たいして能力がなくても、また目標意識や出世意欲がなくても、それなりに企業人として認められ、定年を迎えたらある程度の退職金を手にすることができた。ところが、右肩上がりの経済成長と、終身雇用と年功序列という日本独特の制度がガタピシ音を立てて崩れ去りつつあるいま、能力のない者、やる気のない者は真っ先にレイオフや人員整理の対象にあげられることになる。現に、そうした憂き目に遇うサラリーマンが日増しに増えており、企業の中で働く者にとってもはや解雇は他人ごとではなくなっている。明日の自分の身分に不安を抱えているサラリーマンも多いはずである。もしかしたら、あなたもその一人かも知れない。

そんな厳しい冬の時代を迎えた今、われわれビジネスマンはどのように生きていったらいいのだろうか。

私はかねがね、企業に属するビジネスマンを次の三つのタイプに分類して考えることにしている。

①リーダー（指導者）になるビジネスマン

②スペシャリスト（専門家）になるビジネスマン

③フォロアー（追随者）になるビジネスマン

この三つのタイプのうち、あなたはどのタイプに属するだろうか。もし③のフォロアータイプだとしたら、今後、かなり厳しい立場に立たされることを覚悟する必要がある。

とりたてて目立つほどの能力はないが、その代わりギラギラとした出世意欲も競争心もなく、周囲に警戒心を起こさせることもない。そのため、大過も大功もなく、平穏無事に定年まで勤め上げることができる。それも一つの生き方であり、他人が非難したり否定する筋合いではない。しかし、前述したように、右肩上がりの成長がストップし、また終身雇用制や年功序列が終焉を告げようとしている現代においては、真っ先に整理の対象にされるのがフォロアータイプであることだけは間違いない。

であるならば、われわれに残された道は、①の「リーダー」をめざす道か②の「スペシャリスト」をめざす道、ということになる。この二つの道は、本物のビジネスマンの道である。つまり、これからの時代は本物のビジネスマンのみが生き残れる時代であるというわけだ。能力を高め、実力を磨けば活躍する場が自ずから広がり、また正当に評価される素晴らしい時代。そんな時代が目の前にやってきているのである。

「人財」をめざせ

今度は視点を変えて、企業の立場からビジネスマンのタイプを分類してみることにしよう。

いつの時代も企業にとって重要なテーマとされるのは、いかに質の高い人材を確保するか、ということである。企業と言えども、しょせんは人間集団であり、企業の発展は企業を構成する個々の人間の能力のいかんにかかっている。それゆえ、質の高い人材の確保は企業の生命線であるといっても決して過言ではなく、古来「企業は人なり」と言われるゆえんもここにある。

その人ザイを私は、スキル（技能）レベルとマインド（心）レベルによって、次のページのように四つに分類して考えることにしている。

まず右上の「人財」だが、図を見ればわかるように、これはスキルレベルもマインドレ

人ザイの四種類

ベルも高い人のことである。スキルレベルが高いということは、技能的に十分なものを持っていて、業務に精通しているということである。また、マインドレベルが高いということは、仕事に対する情熱が高く、やる気に燃えているということである。ただし、それだけでは「人財」とは言えない。高いスキルレベルとマインドレベルに加えて、人間性や人格などの面で人並み以上の卓越した「何か」を持ってはじめて「人財」と呼ぶことができる。より具体的にいえば、「自分の仕事について自らビジョンと目標を設定し、達成のための戦略を考え、周りの人を指導したり動機づけをしながら、グイグイと目標達成に立ち向かう人」、これが「人財」である。そういう人

こそ企業がもっとも求める人財である。こういう人財が多ければ多いほど企業が伸びることになるのは言うまでもない。

ところで、スキルとマインドの比重はどの程度に考えるのが適当だろうか。これについて私はスキル2に対してマインド8ぐらいの比重で考えることにしている。どんなに能力があり、また専門的な知識や技術があったとしても、それを使うマインドレベルが低くては、宝の持ち腐れになってしまうし、企業をリードしていくだけのパワーにならないからである。

次に右下の「人在」だが、これはスキルレベルは高いものの、仕事に対する情熱に欠ける人のことである。専門知識・技術もあり、また経験も豊富だが、どことなくやる気がなく、チャレンジ精神に欠ける。朝はきちんと出社する。残業も嫌な顔をせずに付き合う。上司の命令には忠実に従い、実行に移すこともできる。一応の結果を出すこともできる。すべてにおいて及第点には達しているものの、イマイチやる気がない。「人財」のように自ら進んで仕事にチャレンジしていく覇気がない。そんな社員の一人や二人、あなたの周りにもいるのではないだろうか。この手のタイプは、入社後一〇年以上のベテラン社員に多いのが特徴である。とかく若手社員の情熱をそぎ、成長を阻害する要因となる。会社に存在しているだけの「人在」は、企業にとって決して望ましい人ザイではない。

左上の「人材」とは、やる気や意欲は満点なのだが、残念なことにスキル面が追いついていない人ザイのこと。早い話、新入社員のことと思えば間違いない。入社後まもない社員はたいてい情熱に燃えているものである。見るからにやる気まんまんで、どんなことからも吸収しようという意欲にあふれているのが新入社員というものである。だが、新入社員には経験がない。スキルがない。原材料としての可能性や潜在性はあるのだが現在では価値が低い。将来、宝石に化ける可能性を秘める素材であることから「人材」と呼ぶわけである。

四番目の「人罪」とは、スキルもマインドもお話にならないという、その存在自体が企業にとってマイナスになる人ザイのことをいう。無断欠勤や遅刻は当たり前。そのうえ、専門知識もなければ技術もない。それだけならまだしも、口をついて出てくる言葉は否定的・懐疑的・消極的・皮肉的。これでは、会社に貢献するどころか、その人の存在自体が企業の成長の邪魔になる。だから、こういう人ザイを「人罪」と呼ぶわけである。「人罪」は企業にとってマイナスにはなっても決してプラスにならない。早々にお引き取り願わなければ、全体の士気に影響する。

このように、ビジネスマンにもいろいろなタイプがあるわけだが、企業が望むのが「人財」であるのはいうまでもなく、いやしくもビジネスの世界に身を投じたかぎりは、「人財」をめざして精進すべきである。また、理屈は抜きとしても、「人財」にならなければ生き残れない時代が到来しているのである。

「自分株式会社」のすすめ

では、どうしたら「人財」となり、リーダーとなり得るのだろうか。その方法を紹介するのが本書の目的なのだが、詳細についてはのちほど述べるとして、プロローグでは〝「自分株式会社」のすすめ〟について簡単に語ってみたい。

サラリーマンは誰しも会社に属しながら、ビジネスという戦場で戦っている。その戦いの成果は、ほとんど会社の成長や衰退といった形で表される。そのため、ついつい会社イコール自分という意識が働き、自分自身の成長や発展ということはないがしろにされがちである。しかし、よくよく考えてみれば、会社とは自分の人生の「目的」そのものではない。一度しかない人生を幸せに生き、幸せをまっとうすることができるための「手段」であるはずだ。
もろちん、会社の発展は大切である。そもそも、自分が属する会社の発展を願わない者はビジネスマン失格といってもいいだろう。それでも会社はあくまでも「手段」にすぎない。たかだか「手段」にすぎない会社に理念や戦略が欠かせないとしたら、なおのこと、この世で一番大切な自分に理念や戦略が必要なのは言うまでもないだろう。では、「自分自身の理念や戦略を持っていますか」と問われて、いったいどれだけの人が「イエス」と答えられるだろうか。

ただ漠然と会社人間として働いているかぎり、「人財」にはなれないし、リーダーにもなれない。「人財」になれないということは、社会的に不要な人ザイであるということでもある。そうなったら最後、出世も望めなければ、高収入も望めない。会社にしがみついているのが関の山といったところだが、それさえ許されない時代を迎えているのは前述したとおりだ。だったら転職でもしようかと考えたところで、どこも相手にしてくれない。厳しいようだが、それが現実である。そんなことにならないためにも、なるべく早いうちから「自分株式会社」の意識の目覚め、自分を成長させるシステムづくりに着手すべきではないか、というのが私の提唱である。

エクセレント・カンパニーの条件の一つに、長・中・短期の経営計画とか事業計画というものがある。三年後には、五年後には売上目標はいくら、利益目標はかくかくで、その目標達成のための戦略と資源配分はこれこれという、誰でもが知っているビジネスの基本である。「自分株式会社」を旗揚げしたら、これと同じように経営計画を立てたらどうだろう。

アメリカで行なわれたある調査によると、物心両面できわめて豊かな生活を送っている人が三％いたという。残りの九七％のうち、一〇％はある程度余裕のある生活を送っている人で、六〇％は基本的にその日暮らしの人、二七％は何らかの援助を受けなければやっていけない人だったという。大雑把に、「豊か」と「貧しい」という物差しで分けると、一三対八七という対比になる。

さて、上位の一三％とそれ以外の八七％の人たちとの違いは何だろうか。調査によるとそれは、「人生に目標を持っているか持っていないか」の差であったという。つまり、三％の人は具体的にいくつかの目標を紙に書いて実行していたのに対して、一〇％の人はいくつかの目標を持つには持っていたが、ただ漠然と心に描いているにすぎなかった。残りの八七％の人は何の目標も持たず、あるのは願望のみだったという。

この例からも、人生に目標を持つことがいかに大切かがハッキリと容易にわかる。目標を設定して経営計画を立て、実行に移せる人のみがトップグループの三％に入ることができるのである。

「成功とは、自分にとって意義のある目標を事前に設定し、段階を追って達成することである」

という定義がある。ビジネスマンとして、家庭人として、あるいはまた社会人として、自分という素材を使ってどういう自分を育てていくのか。短期的にはどうするつもりか。中・長期的には何をめざすのか。これだけは、自分が責任を持って回答を見出さなければならない、自分だけの問題である。それが「自分株式会社」の経営課題である。

最終的には、一度しかない人生をどのくらい大切に思っているのか、どれくらい幸せを実現したいと思っているのか。その思い込み、思い入れの次元が高ければ高いほど「自分株式会社」の将来は明るく、そしてその社長の将来も明るい。実は、こういう人がリーダーとなり得る人物なのである。

ピーター・F・ドラッカーも断言している。

「優れたビジネスエグゼクティブの共通的特徴の一つは、日々の自己革新を怠らない人である」と。

生きた目標を設定せよ

「自分株式会社」の目標を設定するに当たって重要なことは「生きた目標」、つまり、実際に役立つ効果的な目標を設定すること。「有意義な人生を送る」とか「社会に役立つ仕事をする」といった目標はいわば「死んだ目標」であり、これでは「自分株式会社」を成長・発展させることはできない。

目標が生きた目標であるためには、次に述べる三つの条件が必要になる。

1 「時限設定」をする

どんな目標であれ、目標には「時限設定」がなければならない。「そのうちやりましょう」「そのうち何とかしましょう」といったせりふをよく耳にするが、この「そのうち」という言葉ほどアテにならない言葉はない。旧友と偶然再開し、「そのうち一献傾けましょう」と言ってやったためしがあるだろうか。はっきりいえば、「そのうち」は「やらない」と同意語であり「そのうち」といっているかぎり、単なる願望で終わってしまう。目標を実現に

経営計画 ――― 自分株式会社

	短　　期 今年　来年	中　　期 5年後　10年後	長　　期 最終目標
目標（地位，仕事，収入，人間形成など）			
戦略（目標達成のために具体的に何を行ない，いかなる力を養うか）			

ビジネス，そして人生で成功するための青写真を長・中・短期ごとに描くことが大切。

までもっていくには、「いついつまで」という時間的歯止めが必要であり、また、それによって、前向きの意味で自分を追い込むこともできる。

2　「行動計画」を立てる

時限設定をしたら次に、「行動計画」を立てる。

いくら立派な目標を立て、時限設定をしたところで、肝心の行動がともなわなければ、絵にかいた餅にすぎない。目標達成のためには、具体的に何を、どうやるのかという「自分との約束ごと」をつくりたい。

3　「評価システム」をつくる

第三の条件は「評価システム」をつくって、期限満了時はもちろんのこと、目標を追いかけている途中でも、目標に対する達成度の状況をチェックすること。

どんなに実現可能な目標に思えても、行動を開始したあとの状況の変化などで、軌道修正を図る必要に迫られるときもある。そのようなとき、「評価システム」をつくっておけば、どこをどう修正していいのか、また、そのためにはどういう行動指針で対応していったらいいのかといったことが自ずから明確になる。是正措置が可能になるのである。

目標設定は、人生をより豊かに、そしてより充実したものにするうえで、非常に重要なファクターである。以上の三点をポイントに置きながら、具体的かつ実現可能な目標を立てるべきだろう。

参考になるかどうかわからないが、私が若いころに設定した目標のいくつかをご紹介しよう。

・日本でとれる主な英語の資格は三年以内に全部とる
・中小企業診断士の資格を二年以内にとる
・マーケティングに関しては社内で一番の実力者になる
・人間関係の勉強をする
・四五歳までには社長のポジションにつく

これらの目標の設定にもとづいて行動計画を立て、目標達成に全力で取り組んだのだが、結果的に、すべてをクリア。そのおかげで私の「自分株式会社」は大発展し、外資系企業のトップを歴任することになった。若い日に目標を設定するのとしないのとでは、のちのち天地ほどの開きが生じることになることをしっかり確認したいものである。

企業では年に何回か、在庫調査を行なう。調査の結果、在庫が適正ならそれでよし、過剰なら処分、不足なら積み増しをして補う。それと同様、ビジネスリーダーの立場にある人、また明日のビジネスリーダーたらんと志を立てた人は、自分が一流のリーダーであるため、あるいはなるために必要なリーダー能力の適正在庫リストをつくり、現在の在庫レベルと比較してみる必要がある。そのうえで、不足の部分を一つひとつ補っていく。そのプロセスを自己啓発と呼ぶ。

コア・コンピテンスを身につけろ

「自分株式会社」を〝設立〟したら考えなければならないことの一つに、コア・コンピテンスというのがある。

コア・コンピテンス（Core Competence）とは文字どおり、企業のコア（中核）をなすコンピテンス（能力）であり、他社にはない利益を顧客に提供できる独自の技術や、広い意味でもスキルの集合体を意味する。具体的な例を上げてみると、競合他社よりも格段と優れた品質の商品やサービスを顧客に提供することのできる能力、組織メンバーの力を結集して問題の解決案やスキルを生み出す力、強力な営業力、マーケティング力などがある。ソニーの商品小型化能力、花王の商品企画力、キャノンの映像保存・処理概念構築力、P&Gのグローバルマーケティング力などはコア・コンピテンスの顕著な例である。

ひるがえって自分自身を見つめたとき、何かコア・コンピテンスがあるだろうか。「自分にはこういうスキルがある。自分はこういう能力がある」というのであれば、大いに期待できる。社内のみならず、社外に出ていってもゼニを稼ぐこともできるだろう。反対に「自分にはこれといったスキルがない。取り立てて言うほどの能力はない」ということであれば、早急にコア・コンピテンスを確立すべく努力する必要があるだろう。

理想の人物像を持て

コア・コンピテンスのほかにもう一つ考えておかなければならない問題に、ベンチマーキングというのがある。

ベンチマーキングとは、競合他社のみならず、業界や国境を超えて高業績をあげている「超一流」の経営手法を探し出し、取り組んでいくプロセスである。

もう少しくだいて言うと、ある分野でリーダーシップを発揮している他の会社と比較しながら、自社の事業、戦略、商品、サービスなどのレベルを継続的に測定し、客観的な情報をもとに自社の計画を策定し、実現しようとするもの、ということになる。平たくいえば、「優等生のよいところから学びましょうよ。そして、早く追いつき追い越しましょうよ」というわけだ。「彼を知り己を知れば百戦危うべからず」とは孫子の言葉だが、これをさらに一歩進めて、「彼から学び追い越そう」というのがベンチマーキングと言えば分かりやすいかもしれない。

人にはそれぞれ、あこがれの人物像というものがある。「あの人のようになりたい」「あの人に近づきたい」といった理想があなたにもあるはずだ。優れた能力の持ち主、卓抜した技術の持ち主、立派な人格の持ち主……何でもよい。自分の目標とする人、理想とする人を設定して「意識的・計画的」に行動を起こしてみるところから、人の成長が始まることをしっかりと認識すべきだろう。

世の中には同じような資質を持ちながら、どんどんと才能を伸ばしていく人がいる反面、才能を閉ざしたまま、まったく成長しない人もいる。その差はどこにあるのかと言えば、人から学ぶ姿勢、これが大きな要因と言える。伸びる人は人の長所を貪欲なまでに吸収する。伸びない人は人の欠点ばかりを見てコト足れりとしてしまう。この違いは非常に大きい。一年、二年でも大きな差を生じる。ましてや一〇年二〇年の間には、もはや逆転不可能なほどの格差を生むことになる。

長いことビジネスの世界で働いてきた私の目から見ると、伸びる人と伸びない人の差は、本当にささいなところにあるように見える。人生の目標を持つか持たないか。理想とする人物像を描いているか描いていないか。行動に移す勇気があるかないか。たったそれだけで——実はこれは大きな違いなのかもしれないが、一八〇度も違った人生が展開されるのである。だったら、目標を掲げ、理想を描いて生きたほうが単純な損得計算から言っても得というものである。

あえてくり返すが、これからの時代、「フォロアー」はますます生きにくくなる。かけがえのない自分の人生をより充実させ、幸せなものにするためには、リーダーをめざし、「人財」となるべく精進していくほかに道はない。それには、理念やビジョンや目標というものが必要で、ただ漠然と「リーダーになるんだ」「人財になるんだ」と念じたところで、「人財」にはなれない。やはりリーダーとなり、「人財」として高く評価されるにはそれ相当の精進が必要である。ただし、精進が必要だといっても、ただやみくもに精進すればいいというものでもない。「人財」になりリーダーになるには、それなりの法則がある。世の中で成功を収めている人の人生の足跡を追っていくと、いくつかの共通項があることに気づかされる。その共通項こそが法則であり、その法則にのっとって精進を積み重ねていけば必ずや「人財」となり、高い評価を受ける結果となる。

では、その法則とは何か。章を改めて解説することにしよう。

第一章　わがトップビジネスマンへの道

目標意識が人を変える

私はこれまでリーダーシップや経営に関する本を何十冊か書いてきた。そして、今また、本書においてフューチャー・リーダーということで、これからの時代に求められるリーダー像について書こうとしているが、本書を含めた私の著作群はすべて、私の経験にもとづいて書かれたものである。単にまえ聞きや類書から拾った知識ではなく、実体験にもとづいた内容であるだけに、それなりの説得力があり、更に大事なことだが、実際に役立つ内容になっているとも自負している。

では、私の実体験とはどのようなものであったのか。それについてはこれまでの著作では、ほとんど触れないできた。自分の体験はなかなか書きにくいからであるが、本書ではまず、私自身の今日までのビジネスマンとしての来し方について紹介し、そのあと、これからの時代に求められるリーダー像について語ってみたいと思う。

私がビジネスの世界に身を投じてからすでに四十年近い月日が過ぎようとしている。その間、一言では言えないさまざまな体験を積み重ねてきたが、それが読者の皆さまのベンチマーキングになるとは言わないまでも、何らかの参考にはなるのではないかと思う。
私のビジネスキャリアをかいつまんで説明すると次のようになる。

一九三六年　東京都大田区において出生
一九五九年　早稲田大学卒業
一九五九年～一九六九年　シェル石油株式会社
一九六九年～一九七八年　日本コカ・コーラ株式会社
コカ・コーラブランドマネージャー、関西営業部長、市場開発本部長などを歴任。この間二年半にわたりコカ・コーラカンパニー・オブ・カリフォルニアに勤務し、マーケティングを担当する
一九七八年～一九九〇年　ジョンソン・エンド・ジョンソン株式会社
コンシューマー事業部担当常務取締役、専務取締役を経て一九八二年一月、代表取締役社長に就任
一九九〇年三月、四期八年にわたる任期満了を機に同社取締

役社長を退任

一九九〇年五月　株式会社国際ビジネスブレインを設立、代表取締役に就任

一九九二年七月　日本サラ・リー株式会社代表取締役会長兼社長に就任

一九九四年一月　サラ・リー・コーポレーション（米国総本社）副社長に就任

一九九五年七月　日本フィリップス株式会社代表取締役副社長に就任

これを見ればおわかりのとおり、私は大学を卒業後、一〇年を一区切りにしてまったく新しい業界への転出を繰り返している。そして、社会に出てから二二年目の四五歳のときに「ジョンソン・エンド・ジョンソン」の社長に就任。以後、請われるままに「日本サラ・リー株式会社」の会長兼社長、「サラ・リーコーポレーション米国本社」副社長、さらには「日本フィリップス株式会社」の代表取締役副社長と、世界的なエクセレント・カンパニーのトップを歴任してきた。こんなふうに書くと、何か自慢しているようで、あまりいい気分ではないが、ここで私が唯一強調したいのは、私のビジネスキャリアは偶然の産物だけではない、ということである。

私は、若いころからトップをめざしてがんばってきた。どうせビジネスの世界で働いて

いくならトップをめざそう、将来は経営者になろうという目標意識。それに加えて絶えず上をめざして頑張り続けるという向上心。この二つがつねに私を支え続け、その結果として、目標どおりの人生を歩むことができたわけである。もちろん、すべてが私の実力ではない。運もあった。人にも恵まれ、仕事にも恵まれた。だが、「運も実力のうち」という言葉もあるように、確固たる目標意識のもとに必死に努力を続けてきたからこそ、日本人としては異例なキャリアを重ねることができたのだと確信している。もし目標意識がなく、また途中で向上心を見失っていたら、「人罪」とは言わないまでも「人在」として、可もなく不可もない、ごく普通の人生を歩んでいたかもしれない。

それくらい、目標意識は人を変え、人生を変え得るものである、ということをまず知っていただきたいと思う。

人生を決めた姉の存在

私は一九三六年、東京・大田区の蒲田で生まれた。生家は、小さな工場を経営する父、それに母と姉と弟の五人家族という、当時としてもごくごく普通の家庭であったが、ただ一つ、ほかの家庭と違っているところがあるとすれば、父親が今で言うプラス志向の持ち主であったことかもしれない。明治生まれの父は、絶対にというくらい弱音を吐かなかった。たとえどんなに疲れていても、「疲れた」とか「痛い」とか「嫌になった」といったような否定的な言葉を吐いたためしがなく、そういう父親の背中を見て育った私は、男というものは弱音を吐いたり、否定的な考えや後ろ向きの考えをしてはならないものだと、知らず知らずのうちに教え込まれたような気がする。

父親に関していえばもう一つ、ほめ上手だったことも、私には大きなプラスになっている。「おまえはできる」「おまえは素質がある」「努力すれば絶対にできるようになる」。そんな言葉を毎日のように聞かされて育った私は、無意識のうちに「自分はできるんだ」という自信というか確信めいたものを身につけていった。もろちん、本当に素質に恵まれていたとは思わないが、絶えず励ましつづけてくれた父がいなかったなら、前向きに生き貫くことはできなかったに違いない。

のちほど述べることだが、部下を教育する際にもっとも大切なのが、この励ましである。「おまえはダメなやつだ」「おまえのようなやつは必要ない」といった言葉を浴びせられたら、どんなに強い男でも本当にダメになってしまう。やはり、部下を育てようと思ったら、絶えず励ましつづけるしかない。「ほめ殺し」という言葉もあるにはあるが、ほめて励ますのが、人をやる気にさせる基本である。そのことを幼いうちから教えられた私は、非常に幸運だったと思う。

幸運と言えば、英語に長けた姉がいたのも私にはラッキーだった。ある意味では、姉が私の人生を決定したと言っても言い過ぎではないかもしれない。

日本の敗戦によって連合軍が進駐してきたのは、私が小学校の五年のときだった。当時、一家は蒲田から千葉県の佐原に疎開しており、地元の高校に通っていた姉が、「将命さん、日本は戦争に負けたけど、これからはアメリカ人やイギリス人に会えるようになるのよ。だから、英語を教えて上げましょう」

といって、英語をＡＢＣから教えてくれたのであった。そのころはまだ、国際性という言葉はあまり使われていなかったが、いまから思うと、終戦直後に英語の必要性を見抜いた姉はたいへんな先見性と国際性を持ち合わせていたような気がする。そんな姉の指導のもと、私は小学校五年から英語を勉強するようになり、次第に英語のおもしろさに目覚めていった。そして、子どもなりに英語の世界にのめり込むまでそう時間はかからなかった。

その後、中学校に入学したころ、近所の教会で週に一回、牧師の説教を聞けば英語を教えてくれるという、パッケージ授業みたいなのを開始するという話が飛び込んできた。聞けば、最初は日本人牧師による英語の授業だが、近いうちにアメリカ人牧師がやって来て、本物の英会話を教えてくれるというではないか。教会側にしてみれば、一人でも信者を増やしたいということなのだろう。だが、こちらはそんなことは関係ない。何しろ、いまだに見たこともないアメリカ人から、じかに英会話が学べるというのである。いまならテレビなどのメディアを通していくらでも英語を耳にすることができるが、当時はそんな便利なものなどあろうはずもなく、千葉の佐原あたりではアメリカ人を見ることすら稀である。アメリカ人ってどんな顔をしているのだろう。そして、アメリカ人がしゃべる英語ってどんな英語だろう。考えれば考えるほど、私の胸は好奇心でいっぱいに膨らんでいった。

これが本物の英語というものか。はじめて耳にする本物の英語の響きは、とても新鮮に聴こえた。学校の先生や姉の発音とはだいぶ違って、流れるように美しい。それに、はじめて見るアメリカ人は紅毛碧眼——と言ったらいささか古いが、抜けるように肌が白い。それに、話をしているときの表情がびっくりするほど豊かである。同じ人間なのに、なぜこんなにも違うのか。どうして、外国人の発音はこんなにもきれいなのだろうか。私はますます英語の魅力にとりつかれ、一日として英語を勉強しない日はないほどに熱中しはじめた。

いま振り返れば、将来は国際的な仕事をしてみたいという願望が芽生えたのはこの頃だったように思う。もちろん、願望と言っても具体的なものではなく、漠然としたものではあったが、好きな英語を生かせる仕事をやってみたい、世界に出て行きたいという憧れとも希望ともつかない何かが胚胎していた。だからこそ、英語の勉強に夢中になっていたのであろう。

かくして私の英語力はめきめき上達していき、中学の二、三年のころには日常会話には不自由しないいくらいの会話力がついていたように思う。自慢めいた話になってしまうが、中学から高校へかけての六年間、ほかの勉強はともかく、英語に関してはずっと一番を通してきた。

そして大学への進学。私は迷うことなく姉も通っていた早稲田の英文科を選択した。慶応という柄ではないし、さりとて東大に行けるほどの数学の成績でもない。やっぱり早稲田だ。早稲田のあの角帽をかぶるんだ。あの角帽をかぶって「都の西北」を歌ったらさぞかし恰好いいだろうな。たったそれだけの理由で早稲田を選んだのであった。そして、政経も法科も商科も眼中になく、英文科一本に絞って受験したところ、一発で合格。念願の角帽をかぶったときの感激は、いまでも忘れることができない。

英語の勉強に明け暮れる日々

早稲田に入ってからまず考えたのは、小遣いをどう工面するかということだった。私が早稲田に入学した年の学費は、入学金や授業料をひっくるめて四万七〇〇〇円だった。四〇年以上も前のことなのになぜ正確に記憶しているかといえば、親に対して申し訳ないという気持ちが非常に強かったからである。当時の四万七〇〇〇円という額を、単純に現在の貨幣価値に換算すると一〇〇万円ぐらいだろうか。いや、あのころの経済水準を考えれば一〇〇万どころではないはずだ。少なくとも、右から左へと融通できるような額でなかったことだけは確かである。父も母も口にこそ出さないが、姉につづいて私を早稲田にやるためにかなり苦労したはずだ。そんな父や母の苦労を思うと、念願の早稲田に合格したとはいうものの、どこか心の晴れないものを感じていた。

もうこれ以上、親に迷惑はかけられない。せめて教科書代や小遣いぐらいは自分で稼がなければ……。入学早々、私はどんなアルバイトがいいか考えた。肉体労働なら手っとり早く稼げるのではないか。いや、家庭教師の口があればその方がいいのではないか。あれやこれやいろいろ考えたが、どうもこれというものが見つからない。その折り、はたと思いついたのが通訳ガイドのアルバイトだった。

自分には英語という武器がある。これを生かして通訳ガイドになれば、小遣いぐらい簡単に稼げるんじゃないか。私はさっそく通訳ガイドになるにはどういう手続きが必要なのか調べてみた。すると、運輸省の主催する通訳の検定試験というのがあり、これに合格しなければ通訳の仕事はできないということが分かった。その検定試験の内容は、日本の地理や歴史、文化といった教養的なものと英語との二本立てになっており、かなりの難関であった。

だが、私には自信があった。これまで以上に勉強すれば絶対に合格できる。それには何よりもまず、英語に慣れることだ。教会の牧師から生の英会話を勉強してきたが、何分にも中学生や高校生を相手にしたものだから、英会話といっても初歩の初歩。とても通訳が努まるほどのものではない。やはり、もっともっと英語を聴く必要がある。そこで選んだ方法は、映画を観ることだった。

いまもあるのかどうか分からないが、当時、神田に「南雲堂」という出版社があり、そこから映画のシナリオの対訳本が出ていた。これを片っ端から買い込んで、暗記するくらいまで何度も何度も読み込む。そして、ある程度自信がついたところで映画館に出かけていく。映画館に入ったら、一回目はスクリーンを見ないで、「禁煙」という光の下で対訳本を開き、淡い光を頼りに活字を追いながら耳を慣らす。二回目は、字幕スーパーは見ないでスクリーンだけを見る。これを何度も何度も繰り返すことで、生の英語に慣れていったのである。ときには同じ映画を二〇回も三〇回も観たこともあった。

この勉強法は、いま思い出してもかなりハードなものだった。精神的にも肉体的にも極限に近いほどまで追い込まなければできない手法だった。そのため、根を上げそうになったこともあったが、カセットもCDもないあの時代に生きた英語を学ぶにはこの方法しかなく、歯をくいしばって頑張りとおした。このとき私を支えたのは父から植え込まれたプラス志向だった。「おまえは優秀だ」「おまえにできないことはない」。この父の言葉がどれほど支えになったたか。

こうして、私の英語力は次第に実戦的なものになり、大学二年のときに通訳ガイドの検定試験に合格。いよいよ通訳ガイドとして働きはじめる時がやってきた。最初に外国人観光客を案内したのは鎌倉だったと記憶しているが、そのときの日当が二五〇〇円。いまなら優に二万五〇〇〇円以上になるだろう。通訳ガイドになればそれくらいの報酬をもらえることは知っていた。だが、実際に手にしてみると、実に感慨深いものがあった。

さらに感激したのはチップである。それまで、外国にチップという習慣があることを知らなかったので、最初にもらったときには「えっ、これ何なの？」と戸惑ってしまったが、このチップも有難かった。好きな本を買う小遣い銭には不自由しなくなった。

通訳ガイドになったことで得たものは、お金だけではなく、英語力をブラッシュアップできたこと、そして、西洋式のマナーとかルールといった、目には見えない文化や習慣を吸収できたことも、その後の私の人生に大きく役立った。私にとって通訳ガイドのアルバイトは、一石二鳥ならぬ一石三鳥だったわけである。

通訳ガイドのアルバイトで自信を得た私は次に、そのころケンブリッジ大学が英語を母国語としない人々を対象に行なっていた英語検定試験一級にチャレンジ。これにも合格。当時の大きな英語検定と言えば、通訳ガイドとこのケンブリッジ大学の検定試験と、その頃合格した英検（一級）位のものだったから、私は幸運にも大学在学中にすべての主要な英語検定の資格を取得したことになる。

先にも述べたように、私は小学校六年生ぐらいから、国際的な仕事をしたいという漠然とした願望を抱いてきたのだが、英語の資格を取得したことによって、願望はいよいよ実現に向けて動き始めたのである。

早稲田大学ボディビルクラブ

大学時代に得たものは英語だけではなかった。

高校三年のときの私の身長は一七七センチ。対して体重はどれくらいかというと五九キロ。だから贅肉はほとんどない。といっても、筋肉質のたくましい肉体というわけではなく、ただガリガリに痩せていただけであった。そのため「しゃれこうべ」という有難くないあだ名を頂戴していたのだが、体型のみならず、内臓も弱く、全体に虚弱な印象を与える少年だった。

強健な肉体の持ち主には分からないかもしれないが、体が虚弱な人間には、とかくコンプレックスを抱きやすいという一面がある。筋骨隆々の人間の前に出ると、なぜか下を向いてしまったり気おくれしてしまう。怖じけることなんか全然ないと自分に言い聞かせても、どういう訳か肉体が条件反射的に反応して萎縮してしまうことが多々ある。私の場合は、父からプラス志向を植え付けられていたからある程度はカバーできたからいいものの、もしそうでなかったら、世間に対して真っ正面に立ち向かうことのできない、どこか陰鬱で屈曲した性格になっていたかもしれない。その意味でも父には感謝しているのだが、それでもやはり、自分の肉体にかなりのコンプレックスを抱いていたのは事実である。そのため、気分はいつもプラス志向ではあっても、どこか心配性で、小さなことにくよくよ、なよなよする一面があり、それが嫌でならなかった。言うなれば、本物のプラス志向ではなかったのである。

そうして早大に入学したある日のこと、大学構内を歩いていると体育館でムキムキマンたちがしきりに変なポーズをとっているのが目に飛び込んできた。

「いったい何をやっているんですか」

「これはボディビルといって、今年できたばかりのクラブなんだ」

「入会の資格は何かあるんですか」

「そんなもの何もない。入りたいやつは誰でも入れる」

「こんな骸骨でもいいんですか」

「いいとも」

ということで、その日から私はできたてのボディビルクラブに入部することになったのである。

練習は週に三回。一日二時間ぐらいの練習だったから、授業にも支障はない。勉強もできるし肉体も鍛練できる。これはいいぞ、ということで喜々として練習に励んだ結果、二年後には体重七五キロ、胸囲は何と一一〇センチのムキムキマンに変身してしまった。変身したのは肉体だけではなかった。ムキムキマンになるにつれて、細かいことが気にならなくなり、すべてにおいて肯定的、積極的な人間に変身していったのである。つまり、ボディビルに取り組んだことで、心身ともに変身し、本物のプラス志向を身につけることができたのである。

この体験も私にとって大きな転機になった。「健全な肉体に健全な精神が宿る」とは昔から言われていることだが、自己を啓発し、高めようとする場合、肉体面から入ることも案外、大切なんだなあ、ということを私は早大のボディビルクラブで身をもって実感したのである。

早稲田大学からシェル石油へ

一九五八年、私は大学四年になった。充実した大学の三年間はアッという間に過ぎ去り、いよいよ就職を考えなければならない季節を迎えて、仲間たちもどことなく落ちつかなくなっていた。私も就職先をどこにしようか、あれやこれやと考えはじめた。国際社会で活躍したいという子供の頃からの夢を実現するには、やはり商社がいいかな、いや新聞社がいいかななどと、いろいろと考えをめぐらせたが、私が所属する学部は文学部である。いまはどうか知らないが、当時は就職試験を受けるに当たって学部指定というのがあって、指定された学部以外は受験できないシステムになっていた。とくに文学部の英文科となると、大半の企業からオミットされていて、有名な企業に就職するのは不可能に近い。選択肢はおのずから限られていたのである。

そこで、いくつかの候補の中から最終的にシェル石油を選ぶことになったのだが、外資の道を選んだのには二つの理由があった。一つは、何となく国際的な仕事をしたかったという子供の頃からの夢。もう一つは、日本企業に特有の年功序列というのがどうにも好きになれなかったこと。この二つの理由である。

実は、シェル石油を受験する前、私はある大手の建設会社の就職説明会に参加したことがある。その席上、人事部長が集まった学生たちを前に、得意気にこう語った。

「わが社は非常に平等を尊ぶ会社である。入社後、一五年間はみんな同じ条件で同じ待遇である。給料もボーナスもみんな一律に保証する。そして一五年たてば係長になれる」

それを聞いたとたん、私はバカバカしくなって、受験するのをやめてしまった。頑張った人も頑張らなかった人も同じ評価なんて、これほどつまらないことはない。実力をつけて会社に貢献すれば、若くてもそれなりにポジションが上がり、それに見合った待遇を保証される。逆に、結果が出せなければ落とされる。いい悪いは別にして、実力主義のほうが自分の性に合っているという思いの強い私は、年功序列の日本の企業がどうしても好きになれなかったのである。

それに対して外資系は年功序列などまったく関係ない。純然たる実力主義に徹していて、しかも英文科にも門戸を開いてくれていた。こっちの方がよっぽど平等ではないか。ということで、必然的に外資系という回答が導き出され、結果的にシェル石油に就職することになった。一九五九年、昭和三四年のことである。

まさかの配属先

さあ、いよいよ国際人としてのスタートだ。胸を踊らせて入社した私たちを待っていたのは二ヵ月間のオリエンテーション、つまり新人研修だった。ここで石油業のイロハを教わり、半人前ながら一応の業界人として仕立てられるわけだが、期待と興奮で二月間はアッという間に過ぎ去り、あとは配属先の辞令を待つばかりとなった。

ロンドンかアムステルダムか、はたまた中東か。私は、すでに国際的なオイルマンになった気分で、今か今かと辞令を待っていた。

「新さんは、仙台に行ってもらいましょう」

人事課長のこの一言はまったく意外だった。

「えっ、仙台なんですか」

というのが精一杯で、私は落胆のあまり二の句が継げなかった。

仙台って、一体どういうことなの、シェル石油って外資系の会社じゃなかったの、ロンドンかアムステルダム、悪くても東京だと思っていたのに……。自分は仙台で働くためにシェル石油に入社したのではない。国際舞台で活躍できると思ったから入社したんだ。それなのに、いくら杜の都とはいえ仙台とは……。私はただただがっかりするばかりだった。

しかし、すぐに気持ちを切り替え、前向きに考えることにした。実は私には、大学を卒業するに際して心に誓ったことがある。それは、たとえどんなに苦しいことがあったとしても一〇年間は頑張りつづける、ということ。「石の上にも三年」という言葉があるが、三年では短すぎる。何かを体得するにはやはり最低でも一〇年は必要だろう。逆に言えば、一〇年間やりつづければ必ず何か摑めるはずだ。そう考えたのである。

仙台で私が担当したのはデモンストレーターの仕事だった。デモンストレーターというのは、ガソリンスタンドの従業員に対するサービス指導員のこと。ガソリンスタンドへ行くと、給油の他、キャブレターやエンジンの点検をしてくれることがあるが、その種の車に対する基本的サービスを手取り足取り指導するわけである。と言っても、最初のうちはこっちの方が教えられることばかりで、どう考えても、一人前のデモンストレーターとは言えなかった。それでも、次第にプロらしくなり、ガソリンスタンドのスタッフからも信頼されるようになった。そうなると不思議なもので、仕事が面白くなる。あんなに仙台なんて嫌だと思っていたのに、仙台という地に愛着さえ覚えるようになる。

そうしてバリバリ仕事をこなしはじめた頃、近々、人事異動があるという噂が耳に入ってきた。今度こそ外国だろう。できればロンドンに行きたいな。霧のロンドンなんてロマンチックなんだろうな。私は再び海外への夢に胸を膨らませていった。ところが、その夢は再び裏切られることになった。

「今度は秋田へ行ってください」

「えっ、秋田？」

秋田なんて仙台より田舎じゃないか。東京生まれの私にとって秋田という地は果てしなく遠い世界に感じられてならなかった。私は何か、次第にさい果ての地に追いやられていくような気分で秋田に向かった。

仙台には結局、一年半しかいなかった。だが、社会人としてのスタートを記した地ということもあり、今でも仙台には特別な思い入れがある。わずか一年半ではあったが、右も左も分からないなりに全力投球した、非常に充実した一年半であった。そうだ、秋田でも初心に帰って全力でぶち当たっていけばいい。ロンドンだアムステルダムだと言ったところで、人事ばかりは思いどおりにはならない。先々のことに心を悩ませるより目前のことに全力を投入しよう。いまの自分にできることはそれしかない。

気分一新して向かった秋田で私を待ち構えていたのは、営業マンとしての仕事だった。ガソリンスタンドを新設したり、既設のガソリンスタンドの売上げ向上のために、いろいろとアドバイスする仕事である。

結局、秋田にも一年半しかいなかったが、ここではガソリンスタンド新設に向けて夢中になって取り組んだことが懐かしく思い出される。

大館という市がある。秋田県では比較的大きな町ではあるが、大館にはシェル系のガソリンスタンドが一つもなかった。そこで、代理店を作ろうということになり、候補者をいくつか絞って当たってみることにした。ところが、なかなかいい返事をしてくれるところがない。色よい返事をしてくれるところもあったが、立地条件などを詳細に調べると難しい点が多かったりして、なかなか話が進まない。

そうこうしているうち、H木材という地元の名門企業が候補に上がってきた。ここを口説ければ何とかなる。そう判断した私はさっそく社長に会いに出かけた。ところが、社長は忙しい人で平日はまずつかまらない。ならばということで、日曜日の朝一番を狙って自宅に押しかけることにした。

休日の日曜日の早朝、名門企業の社長宅に押しかけるのはなかなか勇気の要ることである。向こうは名門企業の社長である。こっちはまだ二四歳の小僧。シェルの看板を背負っているとはいえ駆け出しの若造が押しかけていっても、追い返されるんじゃないか。怒鳴られるんじゃないかと思うと、弱気の虫がむくむくと頭をもたげてくる。いやいや、そんなこと気にすることはない。追い返されてもともとじゃないか。私はダメモト精神で社長宅に飛び込んでいった。一度目は予想どおりダメ。二度目もダメ。三度目もダメ、四度目もダメ。

もう無理かもしれない、あきらめたほうが賢明かもしれない。そんな気持ちになりかけたが、三度、四度と断られるうち、「会ってもらうまで絶対にあきらめないぞ!」という信念に凝り固まっていく自分を発見し、俺のどこにそんな情熱があったのかと、我ながら驚かされたりもした。おそらく、大学時代にボディビルをやっていなかったら、あれだけの粘りは発揮できなかったに違いない。やっぱりボディビルをやっていてよかった。そんな思いを抱きながら通いつづけて二ヵ月、ついに先方が会ってくれた。

「二ヵ月も通いつづけるとはなかなか見どころのある若者だ」

そう言っていただいたときの嬉しさはちょっと言葉では言いあらわせない。その上、一発回答で代理店にもなってもらったのである。

あの頃、こんな泥臭い営業をやっていて、何の役に立つのだろうかという疑問がいつも頭から離れなかった。国際舞台で活躍するビジネスマンになりたいという希望は一時たりとも忘れたことがなかった。だからこそなおさら現実とのギャップに苦しんだりしたが、振り返ってみると、あのとき頑張って本当によかった、というのが正直な実感である。「若いときの苦労は買ってでもしろ」とはよく言われる言葉だが、といのがだが、これは正解である。若いときの苦労は、本人の心がけ次第ではその後の人生で花となり実を結ぶものであることを、二、三〇年してから実感させられたのである。

誠心誠意、真心込めて相手に向かえば必ず伝わる——二ヵ月間の間、日曜日ごとに朝一番で社長宅に通いつづけ、ついに代理店契約を結んでもらうことに成功したとき、私はこう実感した。もちろん、若かったからこそ、あんな無謀とも言えるようなことができたのだろうが、恰好よく言えば情熱、誠意、真心。そんな純な気持ちがなかったら、きっと成功しなかったに違いない。

国際ビジネスの世界は、情熱や誠意といった日本人好みの感覚だけで通用するほど甘いものではない。だが、本質的にはビジネスの基本はあくまでも情熱や誠実さにあるのではないだろうか。少なくとも私はそう信じている。

少年老いやすく学成り難し

かくして一年半の秋田時代を過ごしたあと、今度は関西へ行って再度、営業マンの仕事をすることになった。

東京生まれということもあって、昔から私は関西という風土と性が合わないところがあった。そのため、関西への異動を命じられたときには、秋田への異動のときとは違う意味で少なからぬ抵抗があった。しかし、会社の命令とあれば仕方がない。関西だろうがどこだろうが行くしかない。その頃の私はすでに、企業人としての心得がすっかり身についており、人事について不満を感じることはほとんどなくなっていた。とにかく、いま現在を頑張り抜くことが大事なんだ。そんな気持ちに徹するようになっていた。

関西でも秋田のときと同じように自分のエリアをクルマで飛び回ることになったが、ここで私は一人のすごい人物に出会うことになる。この人は私の一年先輩で、同じく営業マンとして阪神地区を飛び回っていたが、どこがすごいかと言うと、彼は関西に在籍中の二年間で、スペイン語会話の基礎をほぼ完璧にマスターしてしまったのである。

忙しく仕事をこなしながら、いったいいつマスターしたのか。外国語の専門学校などほとんどない時代だから、独学で勉強するしかないのだが、わずか二年間でマスターするとはとても信じられない。不思議に思った私は本人に訊いてみた。

「いやあ、特別なことをやったわけではないよ。営業車の中でカセットを聴きながら覚えたんだよ」

彼の話によれば、営業車にカセットを取り付けてディーラー周りのつれづれにスペイン語のテープを聴いていたのだという。それだけなら別に驚くに値しないが、注目すべきはその回数である。何と、テープを五万回も聴いたというではないか。

大学を出てから一二年。ふつうなら社会ズレして、新しいことを学ぼうという気持ちは薄れてくるものだが、この人は違っていた。スペイン語をマスターするんだと一念発起して、わずか二年間でマスターしてしまったのである。しかもその間、仕事の手抜きをしたわけではない。仕事と勉強を立派に両立させていたのだから、これはすごいの一言に尽きる。

私は、事ある毎に部下や後輩に勉強や読書の必要性を説いてきたが、

「でも、忙しくて時間がないんです」

と言い返す人が少なくなかった。確かに、働き盛りの三〇代、四〇代の人にとって勉強時間を作り出すというのは並大抵なことではないかもしれない。しかし私は、「時間がないから勉強できない、読書ができない」というのはウソだと思う。やる気さえあれば時間は作れるはずである。前述のシェル石油の先輩にしても、時間があったから勉強したわけではなかった。仕事に追われる中、寸暇を惜しんで勉強に励んできたのであった。

かくいう私も、わずかな時間を見出して勉強してきた一人である。運転手付きのクルマでの送迎が許される立場に立ったのはいつのことだったかは覚えていない。しかし私は、現実にはジョンソン・エンド・ジョンソンの数年以外はクルマでの送迎を断った。以来、ずっと今日まで電車通勤である。なぜ快適なクルマでの送迎を断って電車通勤するのか。電車通勤をしている社員たちの苦労を共有するためである、というのは真っ赤なウソ。そんな恰好いい理由ならいいのだが、私の場合は、クルマの中では読書ができないから、というのが電車通勤を貫いている唯一の理由である。

企業のトップの座につくと、いろいろと雑用に追われて自分の時間がなかなか持てない。本を読みたくても、帰宅した後の深夜にならなければ本を開くことができない。ところが、深夜になるとさすがに疲れが出て、うとうとするばかりでちっともページが進まない。それに対して電車の中はどうか。座席さえ確保できれば、これほど素晴らしい読書空間はどこにもない。第一、次から次へと報告してくる秘書がいない。それに電話も鳴らない。もっとも、最近では携帯電話という実にハタ迷惑なシロモノが出回っているので、ときには読書を中断させられることもある。それでも通勤電車の中では滅多に鳴らず、本の世界に没入することができる。没入するあまり、時には乗り過ごしてしまうことがあるくらいだ。

それはともかく、「時間がないから勉強できない、読書ができない」というのは自分への言い訳であり、その気になればいくらでも作れるのが時間である。その時間を若いうちからどれだけ作り、どれだけ自己啓発に使っていくか。これが、その後の人生を大きく変えることになるのは間違いない。

「少年老いやすく学成り難し。一寸の光陰軽んずべからず」とは朱熹の言葉だが、齢六〇歳を超えた今、私はどれだけ一寸の光陰を軽んじてきただろうかと振り返ると、恥じ入るばかりである。もっと上手に時間を作っていったなら、今頃はもう少しマシな人間になっていたのではないか、そしてもっと大きな仕事をやっていたのではないか。しかし、どんなに反省しても、後悔先に立たずである。そんなことにならないためにも、若い人には研鑽を積んで欲しいと思う。くり返していう。「時間とはあるものではない。作るものである」。

挫折、そして復活

関西で二年間を過ごした後、シェル石油東京本社へ転勤になった。入社後六年目のことである。

やっと東京本社勤めか。私は初心に帰ったつもりで担当の販売促進に全力投入した。そして、二年がたった頃また人事異動の話があった。今度は広島への転勤である。広島への転勤は覚悟していたが、ここで思わぬ問題が持ち上がった。同居していた母親が病弱で、医者から転居はしてはならぬとのご託宣が下ったのだ。はて、どうしたものか。私は熟慮に熟慮を重ねたがなかなか結論が出ない。そのとき私に残された選択肢は、母親一人残して広島へ行く道と、転勤を辞退する道の二つしかなかった。さて、どちらを選ぶべきか。

こればかりは私一人では決められない。すでに私は妻帯しており、妻に相談した結果、やはり母親を置いては行けないということになり、転勤を辞退することにした。

「お恐れながらこのたびの転勤はご勘弁願いたい」

と、上司を通じて人事部へ申し出たところ、一見すんなり受理された。但し、降格人事というしっぺ返しに遇った。私は広島行きを免除された代わり、東京支店に飛ばされることになったのである。降格人事はサラリーマンにはつきもので、とりたてて珍しいわけではないが、私にとってこのときの体験は実に貴重なものになった。

サラリーマンの世界には残酷なところがあって、格下げになったり地方に追いやられたりする人間が出ると、周囲の人間は「あいつはきっとがっかりして仕事の手を抜くだろう」とか「サボタージュするんじゃないか」などと、無責任というか皮肉な目で見るものである。格下げになった同僚の気持ちを本当に理解して、どうにか救ってやろうなんて考える人は、おそらく百人に一人もいないだろう。何とも薄情ではあるが、それがサラリーマン世界の現実である。

私もこのとき、冷たい視線をひしひしと感じながら、東京本店から東京支店へと移っていった。覚悟の上のこととは言え、仲間の誰もが自分の降格人事を喜んでいるように思えてならず、正直言って、これはかなりこたえた。

私には誰よりも一生懸命に働いてきたという自負があった。仙台のときも秋田のときも関西のときも、それなりに実績も上げたし、上司も認めてくれた。なのに、広島行きを断っただけで降格人事。それも理由なくして断った訳ではない。母親が病弱であるという〝正当〟な理由があっての辞退であった。しかし、そんな理由は少しも斟酌されることはなかった。それがサラリーマン社会の掟とは言え、何とも理不尽に感じたのは事実である。プラス志向で生きてきた私ではあったが、このときばかりは、さすがに働く意欲が減退していくのが感じられてならなかった。

そんなとき思い出したのが、幼いころ語ってくれた父の言葉だった。

「うまくいかないことがあっても、決してあきらめてはダメだよ。うまくいかないときこそ、頑張るんだよ」

父はよくそんなことを語っていたのだが、その言葉を思い出した私は、そうだ、広島行きを断って降格した今こそ、頑張らなければいけないと思い直し、まえより一層、仕事に情熱を注ぐことにした。レポートもマメに書いたし、代理店回りも足繁くやった。多少、芝居じみて見えるほどに頑張った。すると、それが評価されたのか、東京支店の関東第二課長に就任。そして、二年後には東京本社に企画課長として戻ることになった。

サラリーマンに失敗はつきものである。一度も失敗を経験することなく、右肩上がりの人生を突き進む人もいるが、そういう恵まれた人は極めて少ないはずである。問題は、失敗したときいかにリカバリーするかである。そこに成長のカギが隠されているということを本を通して知ってはいたが、肌を通して実感したのはこのときが初めてであった。

企業や人間は順風満帆のときに伸びるのではなく、逆境に立たされたときに伸びる。いわば逆境をバネにして伸びていくわけだ。それを体験しないで大きくなると、壁にぶち当たったときに簡単にぽしゃってしまう。その端的な例がバブルだった。バブルがはじけたとき、大きな会社が次々と崩壊していったが、そのほとんどが本物の実力をつけていなかった会社だった。そういう会社は成長していたのではなく、ただ膨張していたに過ぎなかったのである。

人間にしても企業にしても膨張はいけない。遅々たる歩みでもいいから成長していかなければならない。その過程で本物の強さが培われるのだということを、私はこのときの体験を通して痛いほど実感したのであった。

一回目の転職

東京本社に企画課長として戻ってきたとき、私はちょうど三〇歳を迎えた。三〇歳で課長というのは平均より少なくとも五年ほど早い。つまり、シェルの社員として出世コースに乗ったわけである。出世コースという言葉は好きではないが、とにかく三〇歳で課長職に就任したのである。いわゆるエリートコースに乗ったといえるだろう。

ところが、シェル本社の企画課長として働きはじめた私の心の中には、少しずつ不満が鬱積するようになっていった。その不満とは――。

石油業界というのは、今はどうか知らないが、当時は通産省の監督下にあって、行政指導という縄目でがんじがらめに縛られる業界だった。例えば精油所のキャパシティーを大きくするとか、ガソリンスタンドを拡大するとか、業務の根幹に関わる部分のすべてが通産省の管理下に置かれており、独自に伸び伸びと企業展開をするというのは極めて難しい状況にあった。企業を成長させるには企業努力が大切なのは常識であるが、その企業努力はあくまでも通産省が決めた枠内に限られ、それ以上のことは決して認められなかった。

経営の安定化ということでは行政指導は企業にとってプラスに働くかもしれない。しかし、意欲に燃えているビジネスマンにとっては耐え難いほどの屈辱でしかなく、欲求不満のタネにもなる。まだ三一、二歳という若さということもあったのだろうが、私も行政指導という制約にもやもやとした不満があり、それが課長という管理職についてから日増しに膨れていったのである。

行政指導という制約を一切取っ払ったところで思い切り勝負をしてみたい。頑張れば頑張ったなりに、怠れば怠ったなりに即、実績に反映されるダイナミックな環境で働きたい。そんな気分が次第に高まりつつあったある日のこと、一人の先輩から声をかけられた。シェルから日本コカ・コーラに転職したMさんである。

「新ちゃん、うちに来ないか。日本コカ・コーラに移らないか」

Mさんは、私に会うなり、そういって転職を薦めてきた。

そのころの日本コカ・コーラは、年間売上高が毎年二〇％以上もアップしていくという、まさに日の出の勢いで成長しつづけていた会社であった。私は二つ返事でOKした。

「分かりました。入りましょう」

前述したように、制約の多い石油業界に物足りなさを感じ、もっと自由に暴れまくる環境を求めていたから、OKするのに何のためらいもなかった。

人間には環境を変えるための強さがある反面、環境に支配される弱さもある。だから、自分を正しい環境に置くこともビジネスマンにとって非常に重要な要素となる。この場合の正しい環境とは、倫理的に正しい環境という意味ではなく、自分の追求する価値観と合致した環境、平たくいえば、自分がやりたいことがやれ、十分に腕を振るえ、その結果、自己実現が図れる環境ということである。要するに、自分の性に合った環境に自分を置くというのも一つの才能であり、自分の能力を遺憾なく発揮しようとするなら、その才能も必要となってくる。

その観点からシェルという会社、あるいは石油業界を見ると、あまりにも制約が多すぎて、自分にとってはベストではない。対して日本コカ・コーラは制約はほとんどない。暴れようと思えばいくらでも暴れることができる。その上、日本コカ・コーラの仕事は、私がかねてからやりたいと思っていたマーケティングそのものであるから、自分の希望に限りなく近い環境である。

そう判断して一〇年勤めたシェルを退職することになったのだが、辞めるときには皆なから不思議がられた。なぜエリートコースに乗っているのに辞めていくのか、と。当時は終身雇用が当たり前で、途中で転職するのはアウトローみたいに見られる時代だったので、みんなが不思議に思うのは当然だったが、それはともかく、私は幸運にも惜しまれつつ辞めることができたように思う。自分の思い込みかもしれないが……。

楽しかったアメリカ時代

　そう判断して日本コカ・コーラに転職したわけだが、転職先で任された仕事は、販売促進だった。セールス・プロモーション・アシスタントマネージャーという肩書から始まって、次に北日本の営業、さらには東北六県と北海道のボトラーに対する販売促進。その後は「スプライト」のブランドマネージャーとして、日本に初めて「スプライト」を導入したりもした。コカ・コーラ社のメイン商品は言うまでもなくコカ・コーラであり、その当時は、いわゆるサイダーに類する商品はなく、市場は「三矢サイダー」の独壇場だった。そこで、「スプライト」をアメリカから導入して、サイダー市場に投入しようということになったわけだが、「スプライト」の導入は今でも懐かしく思い出される大型のプロジェクトだった。

　その後、関西営業部長として、ラインの最先端に立って指揮を振るうことになるのだが、私の場合はつねにラインとスタッフを繰り返すという経歴をたどっている。これには偶然という要素もあるにはあるものの、半ばは、自ら希望した結果でもある。というのも、私は将来的にゼネラルマネージャーになりたいという希望があり、そのためにはラインだけでもダメだしスタッフだけでもダメ。両方を体験してはじめてゼネラルマネージャーになれるということで、意識的に交互に体験できるように働きかけたわけである。

さて、関西の営業部長として働いているある日のこと、マーケティング担当のアメリカ人の副社長から電話が入った。聞けば、サンフランシスコで働く気はないか、という。何故かと尋ねたら、その年、エグゼクティブ・デベロップメント・プログラム、日本語でいうと幹部開発プログラムというのが米国コカ・コーラで始まり、その幹部候補の一人として私が選ばれたというではないか。幹部開発プログラムは、日本から二人の社員を選出し、一人をサンフランシスコ、一人を別の米国の子会社に派遣し、再び日本に帰ったときには重要なポジションをこなせるように、マーケティングと語学を徹底的に鍛え上げることを目的にして発足したプログラム。その第一期生の一人に私が選ばれたというのである。

サンフランシスコで働く——ついに夢に見たときがやってきた。一も二もなく受け入れたのは言うまでもない。

サンフランシスコでの二年間は楽しかった。私の人生で一番充実した時代であったかもしれない。アメリカ人と一緒に仕事することで、彼らの考え方や行動のパターンが肌を通して理解できたし、また英語力も一層のブラッシュアップすることができた。「自分株式会社」ということで言えば、株価が二倍にも三倍にも跳ね上がったのがこの時期だったように思う。

そして、いよいよ予定の期間が終了しようとするとき、私の前には三つの選択肢が用意されていた。一つはジョージア州アトランタのコカ・コーラ本社で働く道、一つはカナダのコカ・コーラに行く道、最後の一つは日本に帰る道。私個人としてはアメリカに止まりたい気持ちが強かったが、子どもの将来を考えると帰国の道を選択せざるを得なかった。当時、私には三人の男の子がおり、上の子は中学生になっていた。その子の将来のためには、やはり日本の大学に入れた方がいい。そのためには、中学二年までには日本に帰らなければならない、そうしなければ受験に乗り遅れる。そう考えて、私は日本に帰る決意を固めたのであった。

ヘッドハンターからの誘い

楽しかったサンフランシスコから日本に帰ってきたとき、私に与えられたのは市場開発本部長というポジションだった。これは日本コカ・コーラの中でも非常に重要なキー・ポジションで、それなりにやり甲斐のある仕事だった。角の大部屋をもらい、秘書もクルマもつくなど、待遇も非常に快適だった。アメリカで学んだマーケティングを思う存分活用して、日本コカ・コーラに新たな歴史の一ページを飾ってやろう。そんな意気込みで仕事に取り組む毎日だった。

その頃、私の自宅に思いがけない一本の電話がかかってきた。

「あの件、もう一度考え直してはいかがでしょうか」

実はその電話はこれが初めてではなく、サンフランシスコから日本に帰国するための準備を進めていたときにもたびたびかかってきていた。電話の主は誰かといえば、アメリカのヘッドハンター、いわゆる人材斡旋会社であった。「ジョンソン・エンド・ジョンソンが日本の現地子会社の社長候補を探している。どうだ、なってみないか」というのがその電話の趣旨であった。

ジョンソン・エンド・ジョンソンという会社は、言うまでもなく世界的な医療製品会社であるが、ちょうどその頃、日本のジョンソン・エンド・ジョンソンの社長が退任し、後を継ぐ人材が社内にいない。そこで、社外から人材を求めようということになり、ヘッドハンターに依頼したところ、新という人間がサンフランシスコのコカ・コーラにいるという話をどこからか聞きつけたらしく、サンフランシスコの私の自宅に電話をかけてきたのであった。

「ということなのですが、どうですか、考えてみてくれませんか」

「ふざけてもらっては困る。私は日本人だ。私の辞書の中には義理とか恩という言葉があるんだ。さんざんお世話になった会社を裏切るなんて、できるはずがないだろう。日本に帰れば近々、副社長にはなるだろうし、待遇だって約束されている。せっかくの誘いだが、この話、なかったことにしてくれ」

といって、そのときは断った。

そして日本に帰ってきて市場開発部長として動き回るようになったのだが、そうこうしているうち、どうも社内の様子が前と違っていることに気がついた。

コカ・コーラという会社は不思議なところがあって、あるときは「ジャパニゼーション、ジャパニゼーション、ジャパニゼーション」で行ったかと思うと、次は「アメリカン、アメリカン、アメリカン」で行くというように、振り子が極端から極端に動く傾向があった。私がサンフランシスコから帰る前は、日本人社長を登用するなど、ジャパニゼーション全盛の時代だったが、その時代、社長本人の力量がなかったのか、あるいは環境的に何らかの理由があったのか、よくわからないが、いずれにせよ日本コカ・コーラの業績はパッとしなかった。それを見たアメリカ本社では、「日本人ではダメだ」ということになり、今度は何でもかんでもアメリカンということになりかけていた。

私が帰国したのはちょうどその頃で、すでに「アメリカン」の時代は始まっていた。それまでの日本人社長は会長として祭り上げられ、代わりにアメリカ人の社長が全権を握り、社長以下、要職をすべてアメリカ人が押さえるという体制になりつつあった。日本人副社長もいるにはいた。しかし、その実権はほとんど認められておらず、社長の通訳であるとか、あるいはアメリカからやってくるVIPの接待であるとか、そんなことを担当するという、まるで飾り物の副社長であった。

このままでは、自分は将来、絶対にトップにはなれない。社長になるのは無理だろう。そう考えはじめていた。

「鶏頭となるも牛後となるなかれ」という言葉がある。私はシェルをやめてコカ・コーラに入るときから、いずれ四五歳までには企業のトップになろうという目標を掲げていた。四五歳で社長になる。これは、その頃の私にとって非常に重要なテーマでありチャレンジであった。

シェルは外資系といっても年功序列など、かなり日本的な体質を持った会社だった。それに対してコカ・コーラはオープンで柔軟性もあり、能力と実績さえ示せば若くしてトップに昇りつめることも可能だった。ところが、サンフランシスコから帰ってきたらアメリカンの時代になっていた。何でもかんでもアメリカン。これでは日本人である自分がトップに立つ可能性は限りなくゼロに近い。どんなに能力や実績があろうと、日本人というだけで道は閉ざされるだろう。

そういう危機意識というか問題意識を持ちはじめていたところに、再度、アメリカのヘッドハンターから電話がかかってきたのである。いったんは諦めて引き下がったジョンソン・エンド・ジョンソンから二度目のアプローチがあったのだ。おそらく、日本に帰ってきてから多少、フラストレーション気味になっていることをどこからか聞きつけたに違いない。

「どうだ、もう一度考えてみないか」

そのとき、相手側が示した金銭的な待遇条件はあまりパッとしたものではなかった。こと金銭的な条件に限れば、コカ・コーラに止まったほうがはるかに有利である。だが、コカ・コーラに止まったとしても仕事の責任とやり甲斐という点では先が知れている。結局は「牛後」で終わってしまうだろう。それでは満足できない。そういう思いもあり、先方の話をさらに詳しく訊くと、

「決して初めから社長として入ってもらう訳ではない。社長になるという期待の下に入ってもらう。そして、互いに納得いくようであれば社長になってもらう」

ということであった。この率直さが気に入り、私はジョンソン・エンド・ジョンソンに移る決心をしたのであった。シェルにも一〇年いた。日本コカ・コーラにも一〇年いた。どこで働いても一〇年は辞めないという自分の哲学は一応、貫いたことになるし、コカ・コーラの一〇年間も、他人はどう思うか知れないが、私自身としてはやるべきことはやった、責任は果たしたという自信があった。

コカ・コーラからジョンソン・エンド・ジョンソンへ

繰り返しになるが、私は一〇年を一区切りに生きてきた。

なぜ一〇年なのか。人からよく尋ねられることだが、二年、三年で仕事を変えていたの

では「転石、苔を生ぜず」で何も身につかない。アメリカでも、二、三年で職を変える人のことを「ジョブ・ホッパー」といってバカにするが、やはり二、三年では短かすぎる。さりとて二〇年、三〇年というのでは今度は苔が生えすぎて動きがとれなくなってしまう。だから、「どこどこに新がいた」という足跡を残すには一〇年ぐらいがちょうどいいのではないか。長すぎず、短かすぎず、もっともおさまりのよい数字ではないか、と考えてきたわけである。

ただし、一〇年たったら会社を辞める、というわけではない。一〇年間頑張ったら、その段階で一応の評価、アセスメントをするのだ。何のアセスメントかというと、自分の価値観を追求、実現するのに今の環境がベストかどうか。あるいはもっと適切な場所があるのかどうか。これについてアセスメントして、もし今の環境がベストだと判断すれば、その場で頑張りつづけるし、別の会社がベストだと考えれば転社する。ただ、それだけのことで、私の一〇年一区切り法は、「一〇年たったら必ず転社する」というものでは決してない。「一〇年たったら転社の可能性を検討する」が正しい。

そういう自分なりの哲学にもとづいてシェルからコカ・コーラ、コカ・コーラからジョンソン・エンド・ジョンソンへと転社を重ねたわけだが、これは当時としてはとても勇気の要ることだった。いまでこそ、二〇代、三〇代のビジネスマンの五五～五六％は転職を考えていると言われる時代を迎えているが、当時は会社を辞めるというコンセプト自体に罪悪感があった。会社を辞めるのは裏切り行為であり、ひとたび会社に入ったら定年まで勤め上げる。これが暗黙のルールであった。だから、会社を途中で辞める人間は跳ねっ返りと言うかマイノリティー、少数派と見られるのが常だった。

それだけに勇気が必要だったわけだが、退社するしないは、他人が決めることではない、自分の責任で決めることだ。そう考えて私は、双方納得いけば社長を引き受けるという条件つきで、ジョンソン・エンド・ジョンソンに二度目の転職を図ったのである。一九七八年、四二歳のときであった。

もし、私のスタートラインがシェルという外資系の会社でなかったら、こういう人生の軌跡を辿らなかったかもしれない。民族系の会社なら、日本流の経営風土になじみ、組織の中の一つの歯車として生きるのが常道であり、安全である。どんなに上昇志向が強くても、それはあくまで組織の中での出世、組織の中での昇進であり、組織を飛び出すほどの危険は冒さなかっただろう。前述したように、それが当時の常識だった。

ところが、外資系ではそういうわけにはいかない。外資系は日本のビジネス社会の中ではどちらかと言えば主流に対する亜流であり、組織の中の歯車として働いたとしても、一生を保証されているわけではない。会社の景気がいいときはいいが、悪くなればいつクビを切られるか分からない。それが多くの外資系企業の経営哲学である。そういう環境の中にあっては、目いっぱい働き、目いっぱい実力をつけて、それに見合った収入を勝ち取る。はたから見たら恰好つけているように見えたかもしれないが、外資系に入った限りはそう生きざるを得ない。

もっとも、それは自ら望んだ人生ではあったが、外資系に入ったことにより、ますますそんな気持ちが強くなっていったのかもしれない。いずれにしても、私はシェルからコカ・コーラに転職した頃から、どうせビジネスマンとして働く限りはトップをめざそう。いつかは社長になろうと決意を固めていたのである。

ついに社長の座に

かくして私はジョンソン・エンド・ジョンソンの一員として働くことになった。振り出しは常務である。続いて専務。そして入社後二年で社長に就任することになった。

このとき四五歳。シェルをやめるときに決意した「四五歳で社長になる」ということが実現したのは偶然かもしれないが、私に言わせれば、それなりに必死に努力してきた結果でもあった。

ジョンソン・エンド・ジョンソンの社長に新という日本人が就任した——この噂は、アッという間に業界に広まった。ジョンソン・エンド・ジョンソンと言えば世界のエクセレント・カンパニーの一つである。その日本子会社といえども、日本人が社長に就任したのは初めてで、大げさにいえば画期的なことであった。当然、私の手腕がどれほどのものか、本社のみならず業界全体から注目が集まった。それだけにプレッシャーにもなったが、幸運にも私の在任中、業績は三倍に、また人材もそれなりに育てることができた。

あの頃は目茶苦茶に働いた。四〇代だから体力も気力も充実しているし、どんな過酷なことでも根を上げることはなかった。

そうして一九九〇年、八年間社長職を勤めたジョンソン・エンド・ジョンソンを、任期満了に伴なって退任することになった。このとき五三歳。結果的にジョンソン・エンド・ジョンソンには一一年いたことになる。

シェル一〇年、コカ・コーラ一〇年、ジョンソン・エンド・ジョンソン一一年。トータルで三一年である。しかも、その三一年間で勤めた企業はいずれも世界を代表するトップ企業であり、世間から尊敬されるブランド企業である。そして、最後のジョンソン・エンド・ジョンソンでは〝コヒコク〟がついた。すなわち、交際費、秘書、個室、クルマがつくという、ビジネスマンにとっての夢が実現したわけである。しかし、上級管理職だけに許される特権ともいうべきこの「コヒコク」には大きな落とし穴が待っている。その落とし穴とは――。

①交際費――社費を使うことに慣れるうちに次第に感覚が麻痺し、しまいには私金と公金の区別がつかなくなる。身を誤る危険性をはらんでいる代物である。

②秘書――自分自身で何もやらなくなるので、次第にコピー一枚とれなくなる。新幹線や飛行機の切符の予約さえまごついてしまう。もちろん、職務上はそれでもかまわないが、ひとたび職から離れたときのことを考えると非常に危険である。

③個室――本音の情報が入りにくくなる。現場から離れた世界であるため、どうしても自分に都合のよい（脚色された）情報だけが入ってきがちで、生の本音から

遠ざかりやすくなる。私自身、時間の許す限り外部との接触を絶やさぬようにしているつもりだが、それでもまだまだ不十分であることは、私自身が一番よくわかっている。

④クルマ——クルマを頻繁に使うので足が弱まり、老化が早まる。

以上が〝コヒコク〟の危険性であるが、全体としての危険は、自分が偉くなったような誤解と錯覚を持つようになること。これがもっとも怖い。

私の場合も、ジョンソン・エンド・ジョンソンの社長という立場上、〝コヒコク〟の危険性はいつもついて回っていた。とりわけ危うく感じたのは、周りの人の多くが揉み手をして近寄ってくることだった。誰もかれもが「新さん、新さん」といっては、ニコニコしながらやってくる。それは気分の悪いことではない。自分が社長だからそうしているのだということは分かっていても、揉み手をされるとついついその気になってしまう。

ここで私は、はたと考えた。この人たちの何人かが私の人間性を信じて、あるいは好意を持って近づいてくるのだろう。逆に言えば、この人たちの何人かが、ジョンソン・エンド・ジョンソン株式会社代表取締役社長という肩書を見て近づいてくるのだろう。自分なりに、人を見る目は優れているほうだと思っていたが、そう考えると次第に見分けがつかなくなってきたのである。

これは危険だ。このままでは裸の王様になってしまう。〝コヒコク〟の亡者になる可能性がある。そういう危機意識を抱きはじめたことが、任期満了に伴なって辞任した一番の理由である。

辞任したのにはもう一つ理由がある。その一つ目の理由は、ヘトヘトに疲れ果てたということ。疲れたから辞任するというのはあまり恰好のいい話ではないが、四期八年も社長職に全力投球すると、本当に疲れる。もちろん肉体的にも疲れるが、それより何より精神的な疲れの激しさ。こればかりは、体験した人でなければ理解できないかもしれない。

外資系の日本人社長には二つの大きな壁がある。一つは言葉の壁。つまり、主要業務の大半を英語でこなさなければならないこと、これがまず大きな障害になる。私自身、平均的な日本人よりは多少、英語はできるほうかもしれないが、それでも母国語ではない英語でビジネスのディスカッションをするとなると、非常にプレッシャーがかかる。日常会話ぐらいなら苦にならない。しかし、ビジネス上のやりとりを英語でやる場合には、とても神経を使う。二時間もするとクタクタに疲れる。

もう一つの壁は文化の壁。これはある意味で言葉の壁よりもっと厚いかもしれない。言葉なら訓練次第で克服することもできる。しかし、文化の壁となると、これはもう歴史的、伝統的なものであるだけに、理解するには相当の時間がかかる。いや、時間をかければ理解できるというものでもなく、文化の壁ばかりはどうにも乗り越えようがない、といった方が当たっているかもしれない。

私も、文化の壁にはずいぶん悩まされた。日本の外資系企業のトップとして、一方では日本の六〇代、七〇代の問屋の経営者を相手にしながら、その一方で、海の向こうのアメリカ人を相手にして、双方のチャンネルを合わせたりコミュニケーションを図ったりすることがどれほど大変か。生活習慣、文化、ビジネスの感性……、すべてが一八〇度も違うのである。言葉で説明してもなかなか理解してもらえず、つまらぬことでついつい軋轢を生じたりする。それをまた調整するといった毎日を送りながら、売上や利益といった数字にも追いかけられる。これがどれほどの激務か。

いずれにしても私は、〝コヒコク〟の危険性を察知したことと精神的な疲れによって、四期八年にわたって勤めてきたジョンソン・エンド・ジョンソンの社長の椅子を去る決意をしたのである。

ただ、もうちょっと恰好つけさせてもらえば、新将命という一人の日本男児が自分の二本の足で、社長という肩書抜きで世の中に通用するのかどうか、一度試してみたいという気持ちがむらむらと浮かび上がってきたのも事実である。これを実践するには、やはり社長職を捨てるしかない。

ということで社長職を惜しげもなく捨てた――といったらウソになる。実は、社長を去るに当たってはかなり未練があった。何しろ高給と、ストックオプションと〝コヒコク〟が保証された、ものすごく快適なゾーンに住んでいるのである。それを五三歳という若さで捨てるというのはいかにももったいない。充分とは言わないまでも、そこそこ評価されるだけの業績を残してきたし、人材も育ててきたという自負もあり、また周囲も認めてくれていた。それゆえ、続投しようと思えばできたのだが、それにもかかわらず社長職を捨てて去った私のことを、周囲はいぶかし気に見ていたようだ。

国際的大企業の社長から個人会社の経営者に

ジョンソン・エンド・ジョンソンの社長職を捨て去った私が次にやったのは、国際ビジネスブレインという会社を旗揚げすることだった。資本金五〇〇万円でスタート。それまで勤めてきた国際的な大企業から比べれば、吹けば飛ぶような零細企業である。

国際ビジネスブレインでは三つの仕事をやった。

一つは企業のコンサルタント。それまで私が勤めてきたのはすべて外資系だった。そこで、自分のキャリアのバランスをとる意味でコンサルタント業を始めたわけだが、企業診断などをやることで、かなり日本の会社のことについても理解できて、これは非常にプラスだった。

二番目は講演と研修。会社を旗揚げした当初はバブルの最盛期ということもあって、多いときには毎日のように講演依頼が舞い込んだ。日によっては朝食会で一回、昼間一回、夜に一回と、一日に三回も講演することがあった。

「新先生、講演をするための準備にはどれくらい時間をかけるんですか」

「準備時間ですか、そうですね三八年かかりましたね」

事実、三八年もかけてノウハウを蓄えたのだから、このせりふにウソはない。しかし、講演のためにかける時間といえば、せいぜい一時間か二時間もあれば十分である。しかも製造業とは違って原材料にコストがそうかかるわけでもなく、付加価値が限りなく高い。

三番目は執筆活動。本を書いたり雑誌や新聞に記事を書いたりするのがメインだが、これも、自分の体験したことを整理するうえで非常に役立った。

以上の三つの活動を通して、当初の零細企業も有望企業に変身。途中で五〇〇万の増資を行なったが、国際ビジネスブレインを旗揚げしたことは、私にとって勉強することばかりで、非常に有意義だった。

面白い発見もあった。部長とか取締役といった役職につくといろいろな人が近づいてくるが、そのうちの九八%は本人のところに来るのではなく、その人がついているポジションの背後にある肩書や利益を目当てに来るのだということがわかったということ。ジョンソン・エンド・ジョンソンの社長の職にあったときにはニコニコと揉み手をして近づいてきた人の中で、私が会社を辞めたとたん、年賀状一つ寄越さなくなった人の何と多かったことか。やはり人は肩書や権威に弱いものなのだ。この体験は、私にとって何ものにも替えがたいほど有意義なものであった。

自分に近づいてくる人のほとんどすべてが甘い蜜を吸いたいためにやってくるのであって、私自身という一人の人間そのものを認めて近づいて来る人は極く僅かである。この発見は、少々うぬぼれ気味だった私にとっては軽いショックだった。だがものは考えようである。逆に考えてみよう。わずか二%程度の人ではあっても、私自身に興味を持ったり、親近感を感じて近寄ってくる人がいるということは、素晴らしく、有難いことではないか。この二%の人こそが本当の友と言える人だと私は思った。

実は「友」にもいくつかのレベルがある。名刺交換したから知っているという間柄は知己。年に一回か二回会うという程度のレベルは友人。それよりもっと親密な関係で、何かにつけて相談できる間柄となると親友。さらに親しくなって、自分の恥部をさらけ出せる間柄になると心友。知己、友人、親友、心友。この四段階のレベルがあるのではないかと思う。

そのうち親友と心友の違いは、私自身、転社を経験することによってはっきり見分けがつくようになった。結果的に、今でもたくさんの人とお付き合いさせていただいているが、そのほとんどが心の友に属する。

独立したことで親友や心友等の真友を確認することができたのはよかったが、国際ビジネスブレインを旗揚げしたことは、一つの「贅沢な不満」を生むことにもなった。

国際ビジネスブレインのおもな仕事は講演とコンサルティング、それに執筆活動だった。先にも述べたように講演にかかる直接原材料費はたかが知れている。付加価値は極めて高い。しかも、依頼主は「先生、よろしくお願いします」と向こうが頭を下げる。こちらから売込みをする必要は全くない。しかも、講演が終わったあとには、「どうもありがとうございました。次回もまたよろしくお願いします」と、立ててくれる。それは、三〇年以上もビジネスの最前線で戦い、顧客に頭を下げる生活になれ切っていた私にとっては異次元の世界であり、一種の「快適ゾーン」にとび込んだような気持であった。だが、不安と不満も生れて来た。

講演とは教えることである。勿論、それらの意味や意義のある仕事だが、基本的にはこちらの持っているものを吐き出す行為にほかならない。それに、相手が腰を低くして接してくれるため、ちょっと気をゆるめると真剣さや臨場感がうすれてしまう危険がある。考えてみれば、五〇代半ばの働き盛りの人間が「快適ゾーン」に陥るのは、いささか早すぎる。講演活動は、もう少し先に伸ばしてもよいのではないか。切れば血の出る若さのある間には、まだやるべきことが他にあるのではないか。ジレンマというか焦燥感というか、何とも名状しがたい感覚に襲われたことも事実である。

生まれてはじめての喧嘩

そんな私の心をあたかも見透かしたように、サラ・リー・コーポレーションというところから、日本の立ち上げを手伝ってくれないか、という話が舞い込んできたのは、国際ビジネスブレインを設立してから二年ほどたったある日のことだった。

これもヘッドハンターを介しての話だったが、私は「サラリー」と聞いた途端、即座に断った。

「冗談じゃない。私はサラリーマンに嫌気がさしてジョンソン・エンド・ジョンソンを辞めたんだ。いまさらサラリーマンに戻るつもりなど、これっぽっちもない」

ところが、これは私のとんだ勘違いだった。サラ・リー・コーポレーションというのはサラリーマンとは無縁も無縁、シカゴに総本社を置く、三兆円規模の世界的な食品・アパレル企業だった。このサラ・リー・コーポレーションが日本進出の橋頭堡を築くための人材を探していて、たまさか新将命がジョンソン・エンド・ジョンソンの社長を辞めて、コンサルティング活動をしているという話をどこからか聞きつけてアプローチしてきたのである。

この話は魅力的だった。それまでのシェルにしろコカ・コーラにしろ、ジョンソン・エンド・ジョンソンにしろ、日本ですでに事業基盤を築いていた会社だった。それに対して今度の話はまったくゼロから始めるというのである。そして、それをおまえに任せるというのだ。それまでやったことのない仕事に、私はにわかにやる気になった。

講演活動も面白かった。しかし、自分の手で会社を動かすわけではない。講演や評論というのはいわば間接話法の世界である。その間接話法の世界にどっぷりと漬かるにはまだ若すぎる。国際ビジネスブレインはそのままにしておいて、もう一度、直接話法の世界で暴れまわってみよう。

かくして私は一九九二年の一月、日本サラ・リー株式会社の代表取締役社長に就任したのであった。しかし、社長とは名ばかりで、オフィスも決まっていなければ社員もいない。そこでまず日比谷通りにオフィスを借り、次いで事業部長を募集しといった具合に、どうにか会社の体裁を整えていったのだが、会社設立後わずか二年ほどでゼロから年商一五〇億ぐらいの会社にまで急成長させることに成功した。短期間でこれだけの実績を残せたのは奇跡に近い。こんな力がまだ残っていたのか。私は自分の実力と実行力に満足すると同時に、自信が蘇ってくるのを感じながら、さらに前進していった。

しかし、結果的に日本サラ・リーには二年半しかいなかった。それはおかしいじゃないか、おまえの哲学は最低でも一〇年は頑張るというものではなかったのか、といわれるかもしれない。確かにそのとおり。私はそれまで一〇年を一区切りに生きてきた。にもかかわらずなぜ二年半でやめたのか。それにはこんな事情があった。

日本サラ・リーの社長に就任して一年ほど経った頃だったろうか、シカゴの本社の社長が交替した。社長の交替はどこでもある話なので別段驚くことではないが、一年間の間に何と社長が三人も交替してしまったのである。いくらアメリカの企業とはいえこれは極端すぎる。その間、私はサラ・リーの米国総本社の副社長になっていたのだが、最後に就任した社長が私の意見をまったく受け入れようとしなかったのは、私にとってまったくの誤算だった。

日本での事業展開を推進するに当たって、私は五年後、一〇年後のことを考えた戦略を立てていた。ところが、これをことごとく否定されてしまったのである。「そんなのは認められない」の一言で、まったく取り付く島もない。日本のことは日本人の自分のほうがよく知っている、だから、任せてほしいという気持ちでいっぱいだった。だが、こういう場合、アメリカの会社では何をいっても無駄なことが多い。本社の社長ともなると、その実権は大統領にも匹敵するのであり、サラ・リーの最後の社長もまさに大統領そのものだった。私に対しても「おまえは何も考えなくていい」というばかり。それはまさに魂のないロボットになれというに等しかった。

職場には夢がなければならない、というのが私のモットーの一つである。そんな私にとってロボットになれというのは、生きた屍になれというのと一緒である。こうして、自分の哲学を捨てて、二年半でサラ・リーの社長を辞したわけだが、正直いって、このときの退社は円満退社ではなかった。社長の机を叩いて怒鳴りつけたのだから、半ばクビになったも同然だった。

喧嘩はしない。これも私のモットーである。ビジネスの世界では腹の立つこともままあるが、そのたびに喧嘩をしているようでは大成しない。怒りをグッと腹に収めることのできる胆力を養ってこそ大きな仕事ができ、リーダーシップも発揮できるというものである。しかも私の場合、喧嘩をして会社を辞めてしまったから、ビジネスマンとしては最悪。もっともやってはいけないことをしてしまったのだ。

シェルを辞めるときも、コカ・コーラを辞めるときも、そしてジョンソン・エンド・ジョンソンを辞めるときも、口はばったい言い方になるが、私は惜しまれつつや辞めることができた。しかし、サラ・リーのときだけは石もて追われるように会社を去った。その意味では、私のビジネスキャリアの中で最大の汚点とも言える。

どんな理由があろうとも、喧嘩を売ってしまった私は、自分の器の小ささと不明に恥じ入るばかりであった。

予期せぬ香港からの電話

一九九二年八月、国際ビジネスブレインの活動を再開した。すでにバブルも崩壊していたので、講演依頼は少ないだろう、会社として機能していくのだろうか、という不安があったが、あにはからんや、結構、依頼が舞い込んでくるではないか。私はそのとき五六歳になっていたが、まだまだこれからだという前向きな姿勢で講演や執筆に取り組んでいった。

そんなある日のこと、自宅の二階で原稿を書いていると、

「香港から電話ですよ。外人ですよ。急いで出てください」

とワイフが叫んだ。「えっ、香港から電話？　いったい誰だろう」

あわてて電話に出ると、またしてもヘッドハンターからの電話だった。何の用件かと聞いていると、

「日本のフィリップスが人材を求めている。副社長として一肌脱いでくれないか」

というではないか。聞くところによれば、サラ・リーにいた頃の二番目の社長が私のことを聞きつけ、電話をしてきたのだという。この二番目の社長は私を副社長に任命した男で仲がよかったのだが、サラ・リーを辞めたあと、フィリップスの社長に就任していた。それで、日本のフィリップスを建て直そうという話になったときに、私の名前を思い出したというのである。

そんな縁があって再び組織の中で働くことになったのだが、私には非消費部門の仕事をやりたいという願望がまえまえからあった。石油のシェルもコンシューマー部門だったし、コカ・コーラなんていうのはコンシューマーの最たるものだし、ジョンソン・エンド・ジョンソンもコンシューマー、サラ・リーだってコンシューマー。考えてみれば、それまで私はずっとコンシューマーに関わる仕事に携わってきた。その私にとってフィリップスへという話は、願望を実現する絶好のチャンスだった。

フィリップスというと日本では、シェーバーとかコーヒーメーカーとか消費者に密着した企業のように考えられているが、実はそれらは全体の五％かそこらにすぎない。本体は半導体や電子部品、医療機器、照明機器などを主力とする総合的エレクトロニックカンパニーである。そこで働くことは、自分の経験を太らせるのに役立つのではないか。それまでやったことのない分野だけに勉強になるのではないか。もしかしたら、自分の人生の最後の仕上げ、集大成になるのではないか。そういうつもりで日本フィリップスの副社長を引き受けることにしたのである。

それにしても、私のビジネスキャリアは先輩やヘッドハンターに縁があった。行くところ行くところでいろいろな人に声をかけられた私は非常に幸運でもあった。

「ヘッドハンターの標的になるなんて、羨ましいですね。自分なんかヘッドハンターどころか、会社の中でも評価されなくて、寂しいかぎりですよ」

という人がいる。確かに会社を辞めるたびにヘッドハンティングされてきた私はラッキーだった。しかし、理由なくしてヘッドハンティングされたわけではないと思う。その理由とは何かと言えば、私の能力や実績がずば抜けていたということではない。もちろん、人並の能力はあったと思う。英語力という武器もあったし、それなりのビジネスの実績も残してきた。しかし、それよりもっと大事なのは仕事に取り組む姿勢ではないかと思う。手前みそになってしまうが、私はつねに目前の仕事に全力投入してきた。一日一日を勝負所のつもりで働いてきた。その場、その場で一所懸命に生きてきた。一生懸命ではなく一一所懸命に生きてきた。

ビジネスマンには戦略も戦術も必要である。しかし、先々のことばかり考えていて、目前のことをおろそかにしていたらいい仕事はできないし、人からも評価されないのではないだろうか。その点、私は一瞬一瞬が勝負の分かれ目と考えて働いてきた。サラ・リー時代の二番目の社長も、そんな私の姿勢を見ていたからこそ、フィリップスの副社長へと誘ってくれたに違いない。

「自分は頑張っているつもりなのに、上司は評価してくれない」

そんなグチや嘆きを聞くことがあるが、そういう人はもう一度、虚心に返って自分を見つめ直す必要があるだろう。今日やるべきことを明日に延ばしていないか。いまやるべきことをおろそかにしていないか。実績とは、いまやるべきことの積み重ねであり、いまやるべきことをおそろかにしている限り、人から評価されるような実績は残せない。

実は、私が一〇年一区切りで生きようと決心した本当の理由はそこにある。私がまだ大学生のころ、仲のよかった二人のいとこが相次いで死んでしまうという不幸に見舞われた。小さい頃から非常に仲のよかったいとこだけに、しばらくは勉強が手につかなくなるほどのショックであったが、このとき私は、人間は誰でもいつかかならず死ぬんだということがわかった。いまは元気でも明日死ぬかもしれない。だったら、いま生きているということはとても素晴らしいことなんだ。そして、生きている限りは、只今、只今を大事にして、目いっぱい生きてみたい。一瞬一瞬を大事に生きて、新という男が生きていたという足跡を残したい。そのためには二年や三年では短かすぎるし、二〇年では長すぎる。やはり一〇年単位で生きていくのがベストではないか。そう考えて、一〇年一区切りで生きてきたのである。

私はいま六一歳なので、いつまでフィリップスの副社長の職を務められるか分からないが、在職中は体力の続く限り、目前のことに集中して生きていきたいと思う。それが人生を充実させる最大のコツだと考えている。

成功する転職、失敗する転職

私のこれまでの人生を振り返ってみると、総じていえば素晴らしい人生だったように思う。シェル石油を振り出しに、日本コカ・コーラ、ジョンソン・エンド・ジョンソン、サラ・リー・コーポレーション、日本フィリップスと、外資系の企業で思う存分働くことができたのだから、子どもの頃の夢がすべて叶ったと言ってもいいだろう。五つの外資系の会社、それに国際ビジネスブレインという自分の会社を含めれば、私は人生六毛作を実践したことになる。外資系をいくつか経験しながらトップに昇りつめることができたのは、かなりの幸運に恵まれたうえでのことだが、私のようなビジネスキャリアを持っている人は、日本人では珍しい部類に入るのではないだろうか。

そんな私のキャリアを知ってか知らずか、転社をしたほうがいいのかどうか、という質問を受けることがよくある。そんなとき、

「ケースバイケースの問題ですが、できることなら転社しないように」

と答えることにしている。

「そういうおまえは、一〇年ごとに転社してきたじゃないか」
と言われそうだが、確かに私自身、一〇年単位で会社を変わってきたが、それはあくまでも結果であって、当初から予定していたことではない。ビジネスマンとしての基本的目標を達成するための戦略を遂行している間に、結果的に転社したにすぎない。

転社は脱臼と同じで、一度転社するとクセになる恐れがある。アメリカでも次から次へと転社をつづける人は〝ジョップ・ハンター〟と呼ばれ、バカにされるが、そんな汚名を着ないためにも、転社は慎重のうえにも慎重を期すべきである。現に、転社をした人の追跡調査では、全体の一四%しか「転社してよかった」と答えていないが、この数字こそが転社の難しさを如実に物語っている。

とは言え、やはり長い人生の中では転社を切実に考えるときがあるのも事実である。そのときにはどのように考えたらいいのだろうか。その場合のチェックポイントを、私自身の経験に照らし合わせてまとめると、「3C2D1E」というものになる。

①3C

・Credo＝哲学・信条をきちんと持ち、実行しようとしている企業か

・Commitment＝本腰を入れて、長期的に市場に取り組もうとしている会社か
・Chemistry＝ものの考え方、雰囲気、社風など、自分との相性はよさそうか

②2D

・Decentralization＝分権化が行なわれていて、「郷に入りては郷に従え」的なコンセプトにもとづいた権限委譲が行なわれている企業か
・Direction＝会社の長期方針、方向性は明確に打ち出されているか

③1E

・Expectation＝会社の、あなたに対する役割や期待ははっきりしているか。とにかく入社してください、というような曖昧なオファーではないか

以上、全部で六つのチェック・ポイントがあり、それぞれ大切だと思うが、一つだけもっとも大事なポイントを上げよと言われれば、ためらうことなく三番目の「Chemistry（相性）」を私は提示する。就社はいわば結婚であり、結婚には相性が何よりも重要であることを考えれば、転社に際しても相性をもっとも重視すべきであるというのが理解していただけることと思う。

相性ということで言えば、現在勤めている会社と相性が合わないから転社を、という人も少なくないはずだ。それはそれで一応の理由にはなるだろうが、ただし、相性が合わない理由を客観的に考えると、本人のわがままと精神的未成熟さに原因があるということも少なくない。それに気づかず転社しても決していい結果は得られないだろうから、その点については自分で厳しく評価する必要がある。

それでもどうしても会社が悪い、会社に文句が言いたい、自分は完璧だと考える人は、次の三つの条件に合致するかどうかチェックしてみていただきたい。もし、合致するなら、あなたの考えは正しいと言えるだろう。

一、自分が転社の意を表明したら「三ヵ月以内」に

二、現在の年俸の「三割増以上」の待遇で

三、あなたを迎えてくれる会社が「三社以上」ある

この「三・三・三公式」程度の条件にもパスしないほどの客観的、社会的評価しか受けていないあなたなら、転社を考えるよりは、自分の商品価値を高めることに、少なくとも当面は時間とエネルギーを使うほうが先決問題と言えるだろう。

そして、仮にこれらの条件をパスし、転社する決意を固めたら、次のことに気をつけた

い。

その一、基本的にその会社に骨を埋める気で行くこと。

その二、一から出直すつもりで行くこと。

その三、条件としては役職は低めに（入社後、実績により役職は勝ち取ること）。

その四、しばらくの間は、出すぎ・やりすぎをしないように（六ヵ月間は観察に専念すること）。

この四つの項目はいずれも大切だが、とりわけ三番目は大切なような気がする。私の場合について言えば、ジョンソン・エンド・ジョンソンに移ったときは、社長になるという条件づきで入社したわけだが、これは、周囲の人との軋轢を避ける意味でも非常によかった。いきなり社長とか副社長という役職で移っていくと、やっかみ半分で見られるのは避けられない。やはり、ある一定の期間は生え抜きの人たちと苦労をともにし、実績と実力を示してから役職を得たほうがはるかにやりやすい。

そして五番目の項目として、退社するときには円満退社に心がけ、絶対に喧嘩別れはしないこと。これも非常に重要である。現在勤めている会社を敵に回すことほど愚かなことはない。敵に回した時点で、せっかくの人脈も途切れると心得るべきである。先にも紹介したように、私はサラ・リーを喧嘩別れして飛び出してしまったが、これは愚の骨頂。すべからく他山の石とすべきである。

転社に関して最後に一言。

人材会社、いわゆるヘッドハンターの数はこのところ増加の傾向著しく、活発なスカウト合戦が繰り広げられている。そのスカウト合戦、これまでは優秀な人材を引き抜くためのものだったが、最近では、リストラの対象になっている社員を、ヘッドハンティングに見せかけて他社に世話をするという、いわゆるOutplacementの変型も増えているそうだ。人材会社からアプローチがあったからと言って得意になっていると、とんだ痛い目に遇うかもしれない。十二分に注意したいところである。

仕事を楽しむのが成功の秘訣

私は幸運にも外資系企業を転社しながらトップに立ち、勝手な思い込みかもしれないが、それなりに使命を果してきたつもりである。

外資系企業のトップには日本企業のトップにはない苦労もあったが、面白く役に立つことのほうが圧倒的に多かった。仕事も楽しかったし、上司や部下にも恵まれた。また、人を過信したこともないし、さりとて人を騙したこともない。日本の企業のトップに立つには、それ相当の競争に勝ち残らなければならず、権謀術数や駆け引きも必要だと言われているが、そういうことはほとんどしないで済んだ。そもそも私は、政治的な駆引きは好きではないし、第一自分の性にも合っていない。幸い、前半生は自分のポリシーや価値観と合致する企業ばかりに縁があり、楽しく仕事に取り組むことができた。サラ・リーでは生まれてはじめて喧嘩をするいう誤算があったが、それでも取り返しのつかない失敗ではなく、日本フィリップスという現在の会社では再度、楽しく仕事に取り組んでいる。会社に行くのが毎日楽しいし、仕事が面白くてならない。

考えてみれば、仕事を楽しむという姿勢が私の人生を支えてきたように思う。もし、仕事を楽しむ余裕がなかったら、私は途中で仕事も人生も投げ出していたかもしれない。やはり仕事を楽しみ、人生を前向きに生きていく姿勢は、ビジネスマンにとってもっとも大切な要素の一つと言えるだろう。

ジョンソン・エンド・ジョンソンの会長にジェームス・バークという立派な人がいた。彼はつねにこう言っていた。

「ものごとをうまくやっていこうとするなら、すべてファンでなければならない」

Funと書いてファン。楽しいとか喜びといった意味である。つまり、何ごとも楽しく喜びながらやらなければ成功しない、という生活の知恵でありビジネスの知恵である。

ファンの反対といえばシリアスになるだろうか。シリアスは深刻という意味だが、真剣はよいが深刻はよくない。深刻にものごとに取り組んだところで、決していい結果は生まれない。仕事も楽しくないだろうし、人生そのものが味気なくなるに違いない。

「自分の仕事が面白くない。楽しくない」という人がいるが、そういう人はかわいそうである。仕事の面白さを見つけることができないことぐらいかわいそうなことはない。かわいそうというより不幸である。どんな仕事にも必ず面白い面がある。それを探し出すのが上手な人が、実は仕事のできる人であり、出世を果たす人なのである。

今後どれだけ現役を続けられるかわからないが、私はこれまでどおり仕事と人生を十二分に楽しんでいきたいと考えている。

では、どうしたら仕事を心から楽しみ、ビジネスマンとしての能力を高めていくことができるのか。そして、企業の人財としての地位を固め、リーダーとなることができるのか。そのノウハウについては次の章で語ることにしよう。

第二章

リーダーに求められるマネジメント能力

リーダーシップとは何か？

リーダーシップは作ることができるか

プロローグで述べたように、時代は人財を求め、企業という組織で働く限り、人在あるいは人罪は生き残れない時世を迎えている。好むと好まざるとにかかわらず、私たちビジネスマンは人財、すなわちリーダーとしての自覚を持ってビジネス活動に取り組んでいかなければ、どうにもやっていけない時代を迎えていることを知る必要がある。

こんなことを言うと、中には、

「自分は小さい頃から仕切ったことはないし、むしろ仕切られるほうが楽だった。だからとてもリーダーの素質があるとは思えない。これからの時代、自分のようなタイプは生き残れないのだろうか」

と不安になる向きもあるかもしれない。だが、心配無用。リーダーシップというものは、意識次第でいくらでも養うことができるのだ。

　人は親や先祖から受け継いだ遺伝子というものを持っている。性格、体格、声の質、これらが代表的なものだが、遺伝子である限り先天的なものであり、おいそれと変えることはできない。しかし、人間のすべてが遺伝子で決まってしまうのかと言えば、そうではない。もし、すべてが遺伝子で決まってしまうなら、努力など何の意味もなさなくなってしまう。人間には遺伝子で決定づけられている部分もあるが、本人の後天的努力によっては、かなりの部分を変えることも可能だ。教育とか自己啓発といったものの意義はそこにある。

　では、リーダーシップはどうなのか。私の体験からいうと、努力次第でいくらでも培うことができると思う。

　そこでまず、リーダーシップを養成する因子を私なりに整理すると次のようになる。
①生まれつきの遺伝子
②自分の置かれた環境
③本人の意志と努力
　このうち①は、どんなに頑張ったところで変えることは不可能に近い。不可能に近いことに手をつけたところで意味がない。

それに対して②と③は取り組み方次第でいくらでもコントロールできる。とくに③の「本人の意志と努力」は一〇〇％自分だけの問題であり、自分でマネージもし、コントロールもできる要素である。

以上を要約すると「先天的な要因によってリーダーになりやすいタイプの人がいるが、その反面、後天的な意志と努力によってリーダーシップを養成することも十分可能である」ということになる。

自分はリーダーの素養がない。そう思っていたのはあるいは単なる錯覚や思い込みで、これから努力すれば案外、素晴らしいリーダーシップを発揮するかもしれない。

実は、そういう私も自分にはリーダーの素質がないと思ってきた一人である。小さい頃ガキ大将でもなく、仲間を引っ張っていった体験もない。どちらかと言えば、読書好きな内向的なタイプだった。将来、社長になるんだと決意を固めたのはシェルを辞めたときだったが、そのときも、ことリーダーシップということになると自信がなかった。

ところが、環境というのは恐ろしいもので、トップに立つと自ずからリーダーシップが身についてきたのだから驚きである。人間は環境を変えていく力を持っている。だが、それほど強い人間は少なく、えてして環境によって自分を変えられてしまうのが人間というものではないだろうか。私の場合はプラスに変わっていったわけだが、②の「自分の置かれた環境」から受ける影響は想像以上に大きいものがある。もちろん、リーダーシップを発揮しなければならない環境に身を置けば、誰でもリーダーシップを養えるというわけではない。それ相応の努力が必要なわけだが、その努力の方法、ノウハウを私は経験を通じて体得することができた。

本書で紹介するノウハウは、いわば先天的素養に恵まれなかった一人の人間が体験から得たものである。だから、それだけに逆に説得力があるのではないかという気もする。これから述べることを一つひとつ理解し、実践していけば、あなたも立派なリーダーになれるはずである。

リーダーのタイプいろいろ

それでもまだ、「自分はリーダーには向いてない」という人にもう一言。

リーダーというと、みんなをグイグイ引っ張っていく、いわゆる率先垂範タイプのリーダーを思い浮かべる向きが多いと思う。しかし、一口にリーダーといっても、いろいろなタイプがある。これを知れば、自信がないという人でも希望を見出すことができるはずである。

まず第一にリーダーシップのスタイルは、その人の個性によって異なる。

リーダーを語るとき、織田信長、豊臣秀吉、徳川家康の三人がよく引き合いに出されるが、彼らはいずれも一時代を築き、それぞれの時代を導いた偉大なリーダーである。だが、「啼かぬなら、殺してしまえホトトギス」「啼かぬなら、啼かせてみせようホトトギス」「啼かぬなら、啼くまで待とうホトトギス」に象徴されるように、それぞれの性格やリーダーシップのスタイルはだいぶ異なっている。

これは、どれが正しいリーダーシップでどれが間違ったリーダーシップであるという次元の問題ではなく、あくまでも個性の問題である。

第二に、リーダーシップのスタイルは、そのとき、その場の状況によって異なる。

周知のように、企業には創業と守成の時期があり、それぞれに適したリーダーシップというものがある。これから新しくベンチャー企業を立ち上げようという創業期に必要とされるリーダーシップのスタイルと、ある程度の歴史と伝統、そして規模とを持った守成期に必要なリーダーシップのスタイルとでは、必然的に相違がある。前者がつとに率先垂範型であるのに対して、後者の場合は、どちらかと言うと大勢の楽団員を指揮する、コンダクター型のリーダーシップが求められるだろう。ただし、一般的に言うと、企業経営はどんなときでも守り一辺倒になっては危ない。守成期であっても、攻撃的・革新的守成が肝要である。

第三に、リーダーシップは相手によってそのスタイルが異なる。

リーダーシップを論じるとき、よく「民主型リーダーシップ」と「独裁型リーダーシップ」に分類して、前者が後者にまさるような言い方をする向きがあるが、必ずしもそうとは限らない。リードする相手が職務経験やスキルの面で極めて未熟であったり、仕事に対するモチベーションに欠けるようであれば、ある程度、一方的に指示や命令を出したほうが企業全体にとってプラスに働くことが多い。また動乱期や創業期にも独裁型のリーダーのほうがよりよい成果が期待できるだろう。

逆に、平穏無事なときや、相手が職務経験に富み、十分なスキルを備えている場合には、「民主型リーダーシップ」のほうがよく機能することもある。

つまり、リーダーシップには一つの決まった型はないわけで、個性を生かしたうえで、状況に応じて、人を見ながらリーダーシップを発揮すべきである、ということになる。家康型のリーダーなら自分にもなれるのではないか。民主型リーダーなら自分にも可能ではないか。そんな気持ちになったらしめたもの。あなたも必ずリーダーになれる。一つひとつステップを踏みながら、リーダーに求められる要素を身につけていけば、「普通の人」でもリーダーになることは可能である。

肝心なのは、「自分もリーダーになれるかもしれない」という気になることである。そこからすべての努力は始まり、人財への道が開けていくのである。もちろん、先に挙げたようにリーダーシップにはいろいろなスタイルがあり、その場、そのときの状況に応じて臨機応変に対応していかなければならないが、それは応用技術であって、最初は自分の個性に合わせたリーダーシップを養っていけば、それで十分なのである。

リーダーとマネージャーの違い

ところで、

「マネージャー（管理者）とリーダー（指導者）はどこが違うのか」

と問われて、明確に答えられる人はどれだけいるだろうか。とかくマネージャーとリーダーは混同されて論議されることが多いようだが、この二つは明らかに違う。その違いを明確にしておくことは、リーダーをめざすうえで非常に重要だと思われる。目標とするものが明確でなければ、そこにいたるアプローチの方法も漠然としたものになりかねないからである。そこで、私なりに考えるマネージャーとリーダーの違いを一言で言うと、一流のリーダーとは、マネージャーとしてのスキルを持ち、そのうえにリーダーの能力を付加価値として持っている人、ということになる。話にアクセントをつけるために、多少単純化した対比をすると、おおむね次のようになる。

〈マネージャー〉	〈リーダー〉
・状況に対して受け身	・新しい状況の創造者
・維持志向	・革新志向
・今日に焦点	・明日に焦点
・人をコントロール（管理）する	・人の心に火を燃やす
・体制や機構を重視する	・人を重視する
・より機械的	・より精神的

・リスクを回避する　　　　　　　　・計算されたリスクをとる
・「どうやるか」を考える（効率を重視）　・「何をやるか」を考える（効果を重視）

まず「現状」に対する姿勢に関していえば、マネージャーは基本的に現状を「是認」する人であるのに対して、リーダーは「是正」を心がける人と定義づけられる。角度を変えて言うなら、リーダーとマネージャーの最大の違いは、ビジョンのあるなし、ということになるだろう。

ビジョンとは、組織が将来的に最もあってほしい姿についての「設計図」であり、組織がその設計図に到達するために注意すべきこと、行なうべきことについての骨組みを組み立てる能力があるのがリーダー、ないのがマネージャーである。これに関して私は、「現状否定・対策肯定」というスローガンのもと、現状や現況はとりあえず否定して、疑問視してとりかかるよう心がけている。具体的に言えば、

「この仕事は本当に行なう必要があるのか」
「この組織は果たして必要なのか」
「このシステムは不要なのではないか」

などと、「現状」に対してクエスチョンマークで考え、その上で考えられる対策をいくつも用意し、どれが適切か取捨選択していくわけだ。もし、「現状」を疑問視することなく、是認するだけであれば、その人はマネージャーということになる。なぜなら、マネージャーの役割は、経営資源を管理・分配して、当面の問題を解決することであるからだ。また、たとえ「現状」を疑問視したとしても、それだけ終わって何もしなければ、二流三流の評論家ということになる。ビジネスの現場では、そういう人間がほとんど役に立たないのは言うまでもないだろう。

とにかく、「現状」を疑問視し、ビジョンを明確に構築して、そのビジョンがチームメンバーの協力のもとに実現されるような環境をつくり上げる能力がなければ、リーダーとは呼べないわけである。したがって、マネージャーの関心が主として人もモノもコントロール（管理）することであるのに対して、リーダーのそれは、人の心に火を燃やすこと、ということになる。

リーダーとマネージャーの違いということでは、マネージャーが効率重視型であるのに対してリーダーが効果重視型であるのも、忘れてはならない。効率とは「いかにやるか」(How to do) であり、効果とは「何をやるか」(What to do) である。換言すれば、マネージャーが「正しくやる」ことに主眼を置くのに対して、リーダーは「正しいことをやる」に重きを置く、ということになる。一見、同じように響くかもしれないが、この両者の差は大きい。「正しくないこと」をどんなに「正しくやって」も、効果には結びつかないからである。

さらにもう一つ重要な点をつけ加えるならば、「リスク」を冒すことに対する姿勢、これもマネージャーとリーダーでは大きく異なる。

「計算されたリスク」(calculated risk) という言葉がある。たとえば、新規事業でもいいし新製品導入でもいい、とにかく何か新しいことを行なおうと企てたとする。こういうときはふつう、社内外の情報や資料を集めて分析し、フィージビリティスタディ(可能性の検討)までこぎつけ、でき上がったケースの妥当性を判「断」し、そのうえで決「断」に持ち込むものである。そして、決断したら「断」行ということになる。私はこれを「胆識の三断」と呼んでいるが、どんなにきちんとしたプロセスを経て、断行までこぎつけたとしても、判断のベースとなる情報やデータが一〇〇%完全であるということは、現実のビジネスの世界ではまずあり得ない。百歩譲って、そのときは限りなく完全・完璧に近かった情報やデータでも、時間がたつにつれて風化したり、使いものにならなくなってしまうのが常である。

だから、ビジネス上の決定を行なう場合には、不完全、不十分な情報やデータに頼らざるを得ない。

とすると、「もしかするとうまくいかないかもしれない。失敗に終わるかもしれない。その結果、会社に損害を与えることになるかもしれない」というリスクがともなう。この「もしかしたら失敗に終わるかもしれない」というリスクを「計算されたリスク」と呼ぶわけだ。そして、この種のリスクをあえて冒してでも何かにチャレンジしようという気持ちや能力のことを「胆識」という。

リーダーとは、「計算されたリスク」を冒すことのできる「胆識者」である。一方、マネージャーとは基本的に「リスク回避型」である。悪くいえば、「沈香も焚かず屁もひらず」人間である。対するにリーダーは、「リスク最小化型」人間である。「回避」「最小化」との間には月とスッポンほどの違いがある。

このように、マネージャーとリーダーを比べてみると、マネージャーとは何とお粗末な存在なのだろうという印象を持つかもしれない。しかし、同じマネージャーでもピンからキリまであり、中には限りなくリーダーに近い人も少なくない。

私はビジネスマンを単純化して、
①スペシャリスト（専門家）――機能的・専門家的能力の持ち主
②マネージャー（管理者）――スペシャリストにマネジメント能力が加わった人
③リーダー（指導者）――マネージャーに人間的能力が備わった人

の三種類に分類しているが、スペシャリストは別として、リーダーとマネージャーを厳密に区別するのはそれほど簡単ではない。

しかし、先にも述べたように、リーダーとはマネージャーとしてのスキルの上に、リーダーとしての能力を付加価値として持っている人のことであるから、リーダーになろうとするなら、まずは一流のマネージャーを目指すべきである。換言すれば、マネジメントスキルを身につける必要があるわけだ。

もちろん、マネジメント能力を身につけると同時に、リーダーに求められるプラスαを磨いていくのが一番の近道ではあるが、話を分かりやすくするため、この章ではリーダーの最低条件であるマネジメント能力について語り、次章で、リーダーに求められるプラスαについて語ってみたい。

権威の三要素

リーダーとして人を動かすためには権威が必要である。権威がなければ、どんなにリーダーだと威張ったところで、誰もついてこないのは言うまでもない。その権威がどのような要素から成り立っているかをはっきりと理解しておくことは、リーダーを目指す人にとって必要にして不可欠なことである。

では、リーダーとしての権威を裏づける要素とは何だろうか。結論から先に言えば、「専門的能力」「普遍的能力」「マネジメント能力」。この三つを持つことではじめてリーダーとしての権威が生まれてくるのである。ここではまず、この三つの能力を概観してから、それぞれの能力について詳しく説明することにしよう。

一番目の専門的能力だが、これは「技術的能力（スキル）」とも言うことができる。つまり、自分が担当している仕事に関して、満足いくだけの本物のスキルやコンピテンス、これが専門的能力である。

営業なら営業、経理なら経理の分野で抜きん出た技術と能力。これを身につけなければ、人をリードしていくだけの権威は生まれない。リーダーはまず「仕事のできる人」でなければ務まらないわけだ。山本五十六の「やってみて、いって聞かせてさせてみて、ほめてやらねば人は動かじ」の中の「やってみて」が、少くとも一、二の専門分野に関してできなければ、リーダーとしては失格なのである。

二番目の普遍的能力とは、どんな仕事を担当していようと、リーダーなら誰もが持っていなければならない能力。たとえば英語力であるとか情報・通信機器を使いこなす能力、あるいはコミュニケーション能力がそれである。英語が苦手、パソコンが操作できない、というのでは、これからのリーダーは務まらない。リーダーを目指すなら、英語、パソコンぐらいは使いこなせるぐらいの能力を身につける必要があるだろう。

三番目のマネジメント能力とは、仕事をきちんと管理し、最大の効果を上げる能力のことである。

企業とは、いろいろな経営資源を活用して最大の効果を生み出すことを目的とした組織であり、そのために企業の中ではさまざまな専門的能力を持った人が、それぞれの分野で動いている。

しかし、いかなる専門的能力であれ、正しくマネジメントされなければ、宝の持ち腐れにもなりかねない。専門的能力はマネジメント能力に乗せて動かしたときにはじめて、その効果と効率は大きくなり、生産性が向上することになるのである。反対に、マネジメント能力という支えを持たない専門的能力は、一つ間違うと独断的・非効率的な職人芸に終わってしまう恐れがある。トップに立った人が仕事のマネジメントができるかできないか、それによって企業の将来も決まってしまう。それほど大切なのが仕事のマネジメント能力なのである。

以上、リーダーに求められる三つの能力について概観してみたが、これらはリーダーの必須にして最低の条件である。自分を振り返って、もし身についていないようなら、一つ一つ埋めるための努力を傾けていく必要があるだろう。

ということで、まずはリーダーに求められる専門的能力から解説することにしよう。

リーダーの条件――専門的能力

まずは優れたスペシャリストに

管理職になったものの、部下のやっている仕事が分からない、営業が分からない、経理が分からないというのでは、管理者として失格。部下から笑い者にされることにもなりかねない。リーダーシップを発揮するのは難しい。

そんなことにならないためにも、最低でも自分が歩んできた分野に関しては誰からも一目置かれるくらいのスペシャリストになる必要がある。経理畑を歩んでいるなら、経理に関しては社内一。営業畑を歩んできたのなら、営業の知識・ノウハウ・実績は社内一というくらいにならなければ、やはり具合が悪いだろう。

もっと厳しく言えば、社内一でももの足りない。社外に一歩足を踏み出しても高く評価される、他の会社でも通用するくらいの腕を磨く必要がある。

サラリーマンには「社内価値」と「社外価値」の二つの価値がある。たとえば、現在勤めている会社で一〇〇〇万円の年収を得ている人がいるとすると、その人の社内価値はとりあえず一〇〇〇万円ということになる。ところが、その人が何らかの理由で自分自身を労働市場に売り出した場合には、一〇〇〇万円の値がつくとは限らない。八〇〇万円かもしれないし一五〇〇万円かもしれない。これが社外価値である。

一般的には、社内価値を一〇〇とすると、ほとんどの場合、社外価値は六〇からせいぜい八〇にすぎない。それでは、専門的能力と胸を張ったところで、社内で通用するのが精一杯で、とても外の世界では通用しない。

リーダーたる者、営業なら営業、技術なら技術、経理なら経理と、職種を問わず、「外で銭のとれる能力」を身につけた「相場の立つ男」でありたい。「手に職を持った」「業を身につけた」というレベルの、社外価値の方が高いくらいのプロフェッショナルであることが望まれる。

営業という機能分野、専門分野を例にとり上げてみよう。

一口に営業と言っても、どこでも通用する営業マンであるためには、実に数多くのスキルやコンピテンスが求められる。思いつくままに挙げると、幅広い業界知識、商品知識(競合他社商品を含む)、人間関係能力、顧客開拓能力、代金回収能力、情報収集能力、コミュニケーション能力、プレゼンテーション能力、説得力、相手の立場に立った提案能力……。これらの能力が備わっていなければ一流の営業マンとは言えず、社外価値もつかない。それどころか、「デモ営業」や「シカ営業」のそしりを免れない。

これといってピカッと光った売りものとしての能力が皆無の人を「能なし」という。雇用調整が日常茶飯事化してきた今日、こういう能なし人間を受け入れてくれる企業はない。次第次第に窓際族、ベランダ族、バルコニー族、生粗大ゴミ、産業廃棄物、わし族、濡れ落ち葉という運命を辿ることになるだろう。

リーダーシップ形成のための最初の、そして最低の条件としては、一つないし複数のスキルを身につけることである。それも、社外に出ても相場が立つくらいのものであることが望ましい。さらにつけ加えるなら、どんな分野を担当していようと、財務が分かること、これも必須条件である。バランスシートも読めないようでは、ビジネスマン失格と言われても仕方がない。

企業に勤めるビジネスマンを見ると、九五％以上の人は、よそでも銭のとれる機能的・専門的能力を持っていない。こういう人には、好むと好まざるとにかかわらず、「社畜」の状態に甘んじなければならないという、悲しい運命が待っていることを認識すべきである。

リーダーの条件——普遍的能力

ビジネス常識語としての英語

営業や経理などの専門知識や技術を機能的能力とするならば、英語力やコンピュータやパソコンを使いこなす能力、そしてコミュニケーション能力といったものは普遍的能力と位置づけられる。普遍的ということは、誰もが身につけなければならないスキルであることを意味する。

まずは英語力について語ってみたい。

英語がしゃべれないようでは、一流のビジネスマンにはなれないとは、これまでも言われてきたことであるが、なぜ英語がしゃべれなくてはいけないのか、その理由について述べよう。そんなこと、改めて言われなくても分かっているよ、という声が返ってきそうだが、結論を焦らず聞いていただきたい。

「国際化時代を迎えた現代」というふうに、人はよく「国際化」という言葉を使う。しかし、はっきり言って現代を「国際化の時代」ととらえているようでは、あまりにも古すぎる。そういう時代感覚を持っているようでは、これからの時代をリードしていくことは不可能に近い。

振り返れば、一九六〇年代は輸出中心型、一九七〇年代は現地化型、一九八〇年代の前半が国際化の時代だった。そして一九八〇年代の後半が多国籍型、一九九〇年代から二〇〇〇年代にかけてはグローバル型と、広義の「国際化」は進展している。つまり、一九八〇年代ぐらいまでは、国際化といっても一部の業界や企業、そして、企業のなかでも一部の部門に限られたことであって、英語力が必要なのはそういった部門に関わる人に限定されていた。一般の人間にとって英語力とは、あれば海外旅行のときに不自由しない、といった程度のものにすぎなかったわけだ。英語力が必要だと声高に叫ばれてはいたものの、真剣に取り組もうとする人がイマイチ少なかったのは、そのためである。早い話が、言われるほどの必要性を感じていなかったのだ。

ところが、今はどうか。経営資源の中心がモノ・カネ・ヒトの国際化から「モノ・カネ

・ヒト＋情報」の多国籍型へと広がりを見せ、さらにそれは企業文化までを含んだグローバル化のパターンを辿りつつある。違った言い方をすれば、国と国と一対一での関わり合いだけを示すインターナショナルの時代は過去のものになってしまったわけだ。それに代わって出てきた概念が多国籍化であり、グローバル化である。

そのグローバル化時代を迎えた今、上司が外国人、部下の外国人というビジネス環境に置かれることを十二分に覚悟する必要がある。すでに証券業界など一部の業界では、そういう事態に直面している。

「英語は苦手だから」「英語は性に合っていないから」といった言い訳はもう通じない。英語ができたら有利だとか不利だという時代は過去のもの。マネージャーやリーダーには英語は必須条件、これをしかと肝に銘じる必要があるだろう。

ホンモノの国際化とは？

ここでもう一歩突っ込んで、グローバル化時代に求められる条件について考えてみたい。好むと好まざるとにかかわらず、進展をつづけるグローバル化。その時代の真っ只中に生きている私たちが身につけるべきものとは何か。換言すれば、グローバル化に対応できる人材の条件とは何だろうか。このコンセプトを五段階に分け、順を追って考えてみることにしよう。

グローバル化に対応できる人材の第一のステップは、「自国を知っていること」である。このハードルをクリアしない限り、次のステップには移り得ない。

国際的という言葉自体、インターナショナルの訳である。そのインターナショナルはナショナル（国家的）にインター（～間）が加わってできた合成語。その意味するところは、外国のことが分かるまえに自分の国のこと――歴史、文化、経済、宗教、地理……についての知識と見識がなければならない、ということである。

まずは自国を知り、そのうえでインターナショナル、ひいてはグローバルな考え方や知識の守備範囲を広める。これがものの順序というものである。

「子供を高校卒業後にアメリカの大学に進ませようか、または日本の大学を出てからアメリカの大学にやろうか迷っている」

といった相談を受けたりするが、私は決まってこう答えることにしている。

「事情が許す限り、なるべく日本の大学を終えてからにした方がいいでしょう」

高校の課程を終えた時点で、「国内人」として必要な知識や教養の基本を十分に身につけるのは、なかなか難しいのではないだろうか。せめて大学までは国内で終えたいものである。

ちなみに、米国コカ・コーラのサンフランシスコ時代、私は米国本社勤務の道を断って日本に帰ってきた、という話は一章で述べたが、そのときの理由はまさにこれだった。日本の大学教育の質の低さを考えれば、息子をアメリカの大学で学ばせたかった。だが、あえて日本の大学で学ばせようとしたのは、何よりもまず立派な日本人として育ってほしいという願いがあったからである。立派な国際人になるには、その前に立派な国内人、つまり日本人として合格しなければならないのだ。

第二のステップは、「同じが分かること」である。日米という話になると、どうしても日本的経営だとかアメリカ的マネジメントだとか、とかく双方の相違点ばかりを抽出して比較してしまいがちである。だが、同じ「経営」を考え、同じ「人間」を比較した場合に、確かに相違点はあるものの、圧倒的に多くの部分を占めているのはむしろ類似点である。大雑把にいって、全体の九〇%ぐらいは類似点で、残りの一〇%ほどが相違点というのが、長年、外資系で働いてきた私の実感である。

例えば、経営の特徴を比較した場合でも、エクセレント・カンパニーと言われるような企業は、洋の東西を問わず、次のような類似点を持っている。

①企業文化や企業理念を重視し、実践しようとしている。

②長期経営戦略を重んじ、長期プランと短期プランのバランスをとりながら、それぞれについて実現しようと努めている。

③人を人材として重視し、短期的経営目標遂行のための使い捨ての道具としては扱わない。

まず、こうした共通性をきちんと把握してから比較論などに移るべきだ。

第三のステップは「違いが分かること」である。同じが分かった後にはじめて、違いを論ずることになる。日本とアメリカの違い。それは比較文化論などで多く語られているが、類似点を論じた上での論議は少ないようだ。それでは正確な違いを見出すのは難しいのではないか。

第四のステップは、「違いは違いとして許容すること」。違っているからけしからんでは、問題の解決にはなりはしない。違いは違いとして容認する懐の深さが必要である。

そして第五のステップが、「必要に応じて相手に合わせること」。日本人も二百ヶ国に近い世界村の一員として生きていかなければならない。人の関わりを人脈と言うように、国と国との関わりを「国脈」というならば、日本が国脈を失わずに生存し続けるための生活の知恵や手だてが必要になってくる。それは、国際的な現状と比べて極端にかけ離れている部分があるのなら、たとえ文化や習慣に関することであったとしても、必要に応じて積極的に相手に合わせるという「イニシアチブ」が国にも個人にも必要だ、ということである。

以上の五段階のコンセプトを我がものにした人だけが、グローバル時代をリードしていく資格のある人、と言えると私は思っている。だがこれは、煎じ詰めれば文化の問題であり、一朝一夕に身につけられるというものでもない。語学は努力次第でいくらでも身につけられるが、文化や習慣の違いとなると、そう簡単には理解できない。それらのことを私は、外資系のトップとして働く中で嫌というほど痛感した。

その意味で、これからのビジネスマンにとって大きな障壁となるのは英語ではなく、文化や習慣の問題であろう。

こうすれば英語に強くなる

さて、英語の話に戻ろう。

私が若い頃は、海外へ行けるのはよほどの金持ちに限られ、ふつうの人が生の英語に触れる機会はほとんどなかった。ところが今では、その気になれば誰でも外国に行くことができるし、また外国語学校があちこちにできていて、意欲さえあれば簡単に英語力を身につけられるようになった。その意味で、かつては核爆弾ほどの威力があった英語力も、今では通常兵器ぐらいの威力に格が下がってしまった感がある。逆に言えば、英語力がなければ話にもならない時代に私たちは生きているわけだ。

はっきり言って、英会話ができない、あるいは英語が読めないビジネスマンがマネージャーやリーダーになるのは不可能に近い。いまだに、英語なんてできなくてもいい、必要なら通訳を使えばいいんだと言ってはばからない人がいるが、時代錯誤もはなはだしい。英語ができなければ、外国人からはもちろん、身内からも相手にされないと覚悟すべきだろう。はっきり言って、英語力を身につけようと努力しない人は本質的に甘えた人であり、時代感覚に乏しい人である。そういう人がグローバル化の世界で生きていくのは非常に困難である。少なくともマネージャーやリーダーには絶対になれないと断言してもいいだろう。

私はとくに外資系に身を置いていた関係で、そのことを嫌というほど実感した。子供の頃に姉から手ほどきを受けたことを契機に、それ以来、英語の世界にどっぷり漬かってきた私は、どちらかといえば、英語は得意な方だった。日常会話で苦労することは全くと言っていいほどなかった。しかし、英語でビジネス上の取り引きをするとなると、まるで世界が違う。これがどれほど苦労と心労を伴うものであるかは、すでに述べたとおりだ。

だから、できるなら若いうちから英語ぐらいはマスターしておいたほうがいい、というのが私の率直な実感である。とは言っても、日本語を母国語とする私たちにとって英語は難しい。国際会議などで、複雑難解な同時通訳をスラスラとこなす域に達するには、努力以前の問題としてかなり高度な適性が求められるだろう。だが、一般のビジネス英語に必要な程度の力ならば、日本語の読み書きがそこそこできるくらいの語学能力さえあれば、誰でも身につけることができると私は断言する。

一章で紹介したシェル石油の先輩の話を思い出していただきたい。わずか二年の間、営業に回る道々、クルマの中でカセットを聴いているだけでスペイン語をマスターしてしまった彼は、語学能力に特別秀でていたわけでは決してない。意志と努力があったからこそ、二年間でマスターすることができたのだ。本人には失礼ないい方になるが、彼にできたのだから誰だってできるはずである。

英語は、現代人にとって必須のビジネス・ツールである。同じ道具なら持っていたほうがいいし、光って切れるほうがいいに決まっている。そうはいっても、ローマならぬ英語も一日では身につかない。とくにConstantにかつContinuousに勉強しているつもりでも、なかなか向上しない。それは当然のことなのだが、努力に見合った成果が感じられないと、すぐにギブアップしてしまう人が多い。それではいけない。どんなに成果が上がらないように感じられても、努力を継続していく。そこに英語上達の極意があるのだ。

そこで、私の薦める英語力のつけ方をご紹介しておくことにする。

①一日四度のメシ

「一日四度のメシを食え。一度は活字のメシを食え」という言葉がある。三度の食事に加えて、一五分でも二〇分でもいい、一日一度は英文を読む習慣をつけること。推理小説でも冒険ものでも歴史ものでもいい。あまり難しい単語が多くなく、自分が興味を持てる内容のものがよい。

②カ・ラ・テの活用

私は映画を活用して英語を覚えたが、今はそんな面倒なことをする必要はない。カセット、ラジオ、テレビと便利なツールがあるのだから、これを利用すればいいだろう。とりあえずは、カセット、ラジオ、テレビの利用を生活パターンの中に組み入れることが肝心だ。

その気になりさえすれば、カ・ラ・テの利用価値は限りなくある。通勤電車の中、出張で新幹線に乗っているとき、ボケーッとしている暇があったらカセットを使って英語の音のシャワーを浴びよう。また、テレビのドラマやラジオのニュースを聴いていて気に入った表現があったら、さっそく応用してみよう。この方法は気軽で気楽で、しかもあまり金のかからぬ方法だ。見逃す手はない。ともあれ、カ・ラ・テは実行が大切。今すぐにでも始めるべきだろう。

③自分を一定時間、拘束する

かなり意志の強い人でも、自分一人だけで勉強するのは難しいものだ。したがって、Momentum（推進力、はずみ）を失わないための刺激剤の意味で、週に一度でも英語学校に通うというのも悪くない。よく「時間がなくて」という人がいるが、基本的に時間という資源は「ある」ものではなく「つくる」ものであると考えるべきだ。

④資格取得のすすめ

同じ勉強をするにも、具体的な目標の有無によっては、張り合いや効果がずいぶん違うものである。効果を狙い、しかもビジネスマンとしての自分の商品価値を少しでも高めておくために、いくつかの資格に挑戦してみてはどうか。英検、通訳ガイド、商業英語検定、TOEICなど、自分の実力や好みに合った資格はけっこうあるものだ。

私の場合は、前にも紹介したように大学時代に通訳ガイド、ケンブリッジ大英語検定一級、英検一級などを取得したが、これがどれほど刺激と励みになったか知れない。

このほかにもいろいろ方法はあるだろう。いずれにしても、強い意志を持ち、ちょっとした工夫と才覚さえ働かせれば、英語力をつけることは決して難しくはない。実行あるのみなのだ。

やる気を高めるコツ

いま「強い意志を持てば英語力をつけることは決して難しくない」とさらりと言ったが、英語をマスターしようとするとき、この意志を持ち続けることは意外なほど難しい。目前の必要に迫られている場合は別として、とりあえず英語でも勉強しようか、というくらいの軽い気持ちで始めた場合には、途中で投げ出してしまうことになりかねない。

私も、シェルに入ってからそのことを感じさせられた。私がシェルに入社したのは国際舞台で仕事をしたかったからだ。最初はロンドンか、はたまたアムステルダムか。そんな希望を抱いて入社したものの、配属先は何と仙台。仙台では英語を使う機会なんかない。実際、来る日も来る日もガソリンスタンド回りばかりだったから、東北弁をしゃべることはあっても英語をしゃべることなど一回もなかった。

こういうとき、人は往々にして諦めてしまうものである。英語を一所懸命勉強してきたけれど、使うときはいつやってくるのか。もしかしたら、永遠に仙台に封じ込められるかもしれない。そう思えば、誰だって英語に対する情熱も冷めてくる。

こういう場合、資格の取得など、当面の目標を設定するのがもっとも効果的であるが、私は大学時代に英語に関する資格はすべて取得していたので、設定すべき目標がない。では、どう対処したかというと、国際舞台で活躍するんだという小さい頃から抱いてきた願望をもう一度強く念じると同時に、日本の置かれている状況を客観的に見つめるようにした。近い将来、必ずグローバリゼーションの波が押し寄せてくる。そのときになって焦っても遅い。「備えあれば憂いなし」で、今から準備しておけば、いざというときに必ず大きく飛躍できる。今は東北の仙台でガソリンスタンド回りの営業に精を出しているが、世界が自分を必要とするときがいつか必ずやってくる。だから、英語の訓練は決して怠ってはならない。そう自分自身に言い聞かせ、レコードを聴いたり、原書を読破したり、休日には映画館に足を運んで英語の勉強を続けていった。

私の場合は、ある程度の英語力がすでに身についており、かつまた英語に対する興味は人並み以上にあったので、モチベーションさえ維持できれば、あとはほとんど問題はなかった。だが、初歩レベルの人が目標を失ったり、設定できないような場合には、英語を勉強する苦しみばかりが増幅して、途中で嫌になってしまうのではないだろうか。

それくらい、モチベーションを維持するというのはなかなか難しいことではあるが、要は、自分の将来像をどこまで信じきれるか、初心を貫き通せるか。これが一番大切ではないだろうか。自分で定めた人生の目標。こうありたいと願う自分の姿。いついかなるときでもそれを捨てない人は強い。英語を勉強するにしても何をするにしても、最終的にモノにすることができるだろう。

但し、信念を持つだけではイマイチ弱いのも事実である。人はそれほど強いものではないからだ。

そこで役立つのが、先に紹介した③の「自分を一定時間、拘束する」という方法。私も、地方で働いている間、夜間の英語学校に通い、仲間とともに切磋琢磨したが、これがモチベーションを維持するのにどれほど役立ったか知れない。学校に通えば金がかかり、若い人には決して軽くない負担になるかもしれないが、金がかかるからこそモノにすることができるという一面も否定できない。やはり、英語をモノにしようとするなら、ある程度は金をかけることも必要だろう。

最後に、それでも通訳を使えばいいと考えている人に一言。確かに通訳は便利だ。しかし、通訳を使った瞬間から、伝わるニュアンスは最低でも二割減になる。下手をすると五割ぐらい消えてしまう。

例えば、歴史的に有名な話にこういうのがある。

一九六四年、ときの内閣総理大臣、佐藤栄作は、ニクソン米大統領を相手に日米繊維交渉を行なったが、その後、ニクソン大統領は「サトウはウソをついた」と激怒した。なぜニクソンが激怒したのかと言えば、「繊維製品の対米輸出を抑えてほしい」と申し出たのに対し、佐藤栄作は「イエス」と答えながら約束をホゴにしたからだ、ということだった。

実は、このとき佐藤は「イエス」とはいわず、「善処しましょう」と答えたのである。これを通訳が具体的にどう訳したのか知らないが、おそらく「I will think about it positively.」とでも訳したのだろう。これでは約束を意味する「イエス」と受け取られても仕方がない。そのためニクソンが、あとになって佐藤栄作のことを「約束を守らなかった」と激怒した、というわけだ。

このケースでは、通訳の問題と日本独自の婉曲的表現の問題が含まれているが、通訳を入れるとことほど左様に、本来伝わるべき内容が伝わらなくなってしまうのだ。通訳を使う場合には、それを覚悟する必要があるだろう。

英語での意思のやりとりは、やはり自分の耳と目で確認するのが原則である。そのためにも、英語の訓練は万難を排してでも継続すべきである。

耳は二つ・口は一つ

英語力と並んで、マネージャーに求められる重要な普遍的能力に、コミュニケーション能力がある。厳密にいえば英語力もコミュニケーション能力の一つと言えるが、ここでは、一般に言われているコミュニケーションについて考えてみよう。

言うまでもなくコミュニケーションは、人間関係を円滑にする潤滑油であり、コミュニケーションの上手な人は多くの人から信頼される。だから、一流のマネージャーをめざす限りはコミュニケーションにも上手にならなければならない、とはよく言われることだが、果たしてどれだけの人がその必要性を感じているだろうか。

企業を成長・発展させるためには、いち早く消費者のニーズ・ウォンツの多様化、多角化の傾向に対処、ないしは先取りして消費者満足を図らなければならない。そのためには、社内の組織自体が複雑化・多角化する傾向が見られるが、その結果、一つ間違うと、同じ社内ですら言葉が通じないということにさえもなりかねない状況を迎えている企業も少なくない。また「一〇歳違ったら外国人と思え」というくらい、年齢差による感覚や言葉の差は大きい。職種の壁・年齢の壁を乗り越えて「効果的な正しいコミュニケーション」のできる能力に対する要求度は高まる一方であり、コミュニケーションは自分を売り込む一つの大きな武器になっていることを認識すべきである。

では、どうしたらコミュニケーションを上達させることができるのだろうか。

「こんなことがあった。

ある日彼は、ニューヨークの出版業者、J・W・グリーンバーグ主催の晩餐会の席上で、ある有名な植物学者に遇った。それまで植物学者とは一度も話したことがなかった彼だったが、植物学者の話が素晴らしくて魅せられてしまった。回教徒が麻酔に用いるインド大麻の話、植物の新種をおびただしくつくり出したルーサー・バーバングの話、その他、屋内庭園やじゃがいもの話など、聞いているうちに彼は文字どおり、膝を乗り出していた。その晩餐会には、客は他にも一二、三人あった。だが彼は、非礼も顧みず、他の客を無視して何時間もその植物学者と話したのである。夜も更けてきたので、彼はみんなに別れを告げた。そのとき、植物学者はその家の主人に向かって、彼のことをさんざん褒めあげた。しまいには、彼は〝世にも珍しい話し上手〟だということになってしまった」（D・カーネギー『人を動かす』創元社刊より）

彼とは誰あろう、名にし負うD・カーネギーその人である。彼は述べている。

「話し上手とは恐れ入った。あのとき、私はほとんど何もしゃべらなかったのである。しゃべろうにも植物学に関してはまったくの無知で、話題を変えもしない限り、私には話す材料がなかったのだ。もっともしゃべる代わりに、聞くことだけは確かに一心になって聞いていた。心から面白いと思って聞いていた。それが相手に分かったのだ。したがって、相手は嬉しくなったのである。こういう聞き方は、私たちが誰にでもできる最高の賛辞なのである。……だから実際には、私は単によき聞き手として、彼に話す張り合いを感じさせたに過ぎなかったのだが、彼には、私が話し上手と思われたのである」

このエピソードを待つまでもなく、世の中に話し上手は多いが、「聴き上手」は少ない。もっと言いきってしまえば、圧倒的大多数の人は精神的・心理的難聴者である。だが、人に感謝され好感を持たれ、しかも自分の肥やしとなるのは、話し上手ではなくて、「聴き上手」である。

そしてまた「聴く」ことの方が、神さまが決めた自然の摂理にもかなっているのではないか。口は一つしかないが耳は二つあり、しかも口よりも上についているのだ。つまり、話すよりは聴くことの重要性の方が上位にあり、少なくとも二倍は大切ですよと、神さまは教えているのである。

特に、外国人を相手にする場合には「聴き上手」が求められる。日本人と違って自己主張の激しい外国人は、相手が同僚だろうが上司だろうが、自分の意見をはっきり言ってくる。そのとき、日本人の部下を相手にするときのように無視したりいい加減に聞いたりしようものなら、すぐさま関係がこじれてしまう。「あの上司はダメ人間」と烙印を押されて、以後、全く言うことを聞いてくれなくなることだってある。

最近の日本人はアメリカナイズされているということだから、これからは外国人を相手にするときに限らず、日本人を相手にするときもよほどの「聴き上手」になる必要があるだろう。

聴き上手とは？

では、「聴き上手」になるにはどうしたらいいのだろうか。ここでは、私が体験を通して学んだいくつかのテクニックをご紹介することにしよう。

①相手の話を途中でさえぎらない。相手が話し終わるまでジッと耳を傾けるという辛抱と、

基本的な礼儀が必要

②相手の目を見て話を聴くこと。これは「誠実さ」を物語る無言のメッセージでもある。よく腕組みをして、そっぽを向きながら部下の話を聞くエライさんがいるが、これはいただけない。「目は口ほどにモノを言い」という諺を思い出すまでもない。これでは部下の意欲を削ぐばかりである。

③ほどよい相槌を打つ。「なるほど」「それで？」「ほほう」といった合いの手は、話をはずませる潤滑油である。これによって、部下の話のエンジンの回転が滑らかになってくる。軽い驚きを示すと、人はノッてくるものである。

④話を聞きながら簡単なメモをとるのもいい。自分の記憶を助ける意味でも、相手に誠実さを印象づけ好意を抱かせるという意味でも、極めて効果的な手法である。

この四つを実践するだけでも、今すぐにでも「聴き上手」になれること請け合いである。

だが、中にはこんな疑問を抱いている人もいるのではないだろうか。

「部下の話をゆっくり聴きたいのはやまやまだが、忙しいときにくどくどと長話をされるとイライラする。こんなときにはどうしたらいいのか」

答えは簡単。

「おまえさんの話は大切なので十分聴かせてもらいたいところだが、今は時間がない。あとで五分で出かけなければならないのだ。あとでゆっくり聴かせてもらうとして、今は結論だけ言ってくれ」

こう言えばいい。これだけ言うのに一〇秒もかからないし、これで部下との好リレーションを維持しながら、とりあえず話の結論を聴くことができる。

とにもかくにも、部下とのコミュニケーションを円滑に図ろうとするなら、まず自分から聴き上手になること、これが肝要である。

イエスはイエス・ノーはノー

先に、アメリカ人を相手にしたときコミュニケーションについてちょっと触れたが、ここでもう一度、アメリカ人とのコミュニケーションを念頭に置いて、「なすべきこと」「なすべきでないこと」を考えてみたい。

アメリカ人を相手にしたときにはまず、何といっても自己主張をすることである。

これまで多くのアメリカ人やヨーロッパ人とつき合ってきたが、彼らの多くは日本人と違って、何かの問題を解決するに際してトコトンまで自分の意見や考え方を述べて相手とやり合う。そして、一つひとつのポイントを積み重ねることによって勝ちを収めようというスタイルをとろうとする。要するに、彼らは基本的に「自己主張と対立」を前提としているようなのだ。少なくとも、ビジネスの世界では、このスタイルの人が圧倒的多数を占めているのは間違いない。

これに対して日本人は、大方が「和と調和」を好む。「沈黙は金」的な感覚がいまだに色濃く残っており、「出る杭は打たれる」ではないが、自己主張の強い人間は煙たがられるのが普通だ。こうした日本人がアメリカ人ビジネスマンの目にどのように映るのか。基本的に、あらゆることを白黒はっきりさせ、自分の主張を伝える感覚を持っているアメリカ人にとって、沈黙は「無知と愚鈍」以外の何ものでもない。だから、アメリカ人とつき合う場合には、「沈黙は禁」と心得たほうが無難である。

そのことを肌身に染みて知っている私は、これからアメリカに留学しようとか、仕事で転勤しようとしている人には、こんなアドバイスをすることにしている。

「何でもいいから、日本にいるときの倍くらいは、モノをしゃべりなさい。相手の言い分に十分耳を傾けた後は、嫌われるのではないかと思うくらい自己主張をしなさい」

それくらいで、ちょうどアメリカ人の控え目な人と同じくらいになるのである。

次に重要なのが、イエス・ノーをそれなりに丁寧に、だがはっきり言うことである。私自身、何となくノーとは言いづらいために、あいまいにぼかした返事をして、とんでもない誤解を相手に与えたことがある。その結果、お互いに不愉快な思いをした経験が何度もある。先に紹介した佐藤栄作とニクソンのエピソードも、これに類するものと言えるだろう。「善処します」がイエスかノーなのか。日本人ならノーだと分かるが、アメリカ人には分からない。

「善処します」のほか、日本人が考え出した有名な表現に「イエス・バット」というのがある。とりあえずイエスといって「和」のムードを醸し出し、本音の結論はやはりノーというやり方である。

「日本人の話は、何を本当に言いたいのか、最後までさっぱり分からない」

こんなせりふをアメリカ人の友人から何度聞かされたことか。色でいえば、日本人が好きなのは灰色か玉虫色のような中間色。アメリカ人はどうやら黒か赤のようなはっきりした色が好きなようだ。そんなアメリカ人に対しては、イエスというにしてもノーというにしても、礼を失することのないよう気をつけながら、中身ははっきり言ったほうが無用な誤解を招かないですむ。これはアメリカ人に信頼されるための必要条件の一つである。

中身は七・外見は九三

コミュニケーション能力に関連したことだが、プレゼンテーション能力も必要である。プレゼンテーションやスピーチをしたあとに、人が受ける感銘度、印象度に関する調査結果がある。それによると、全体の感銘度を一〇〇%とした場合、その中で話の内容が占めるウエイトはわずか七%にすぎなかった。残りの九三%は、着ている背広の色や形、ネクタイの柄、体型、顔つき、身振りといった外見や、話し方、声の質、イントネーション、口調、なまりなど。これはつまり、人は話の内容より外見や見た目の印象によって判断している、ということを意味する。

したがって、プレゼンテーションをうまく運ばせるには、話の中身が充実していることに加えて、「相手にどういう印象を持たせるか」という演出も非常に重要なわけだ。それができれば当然、相手に自分の意図するところを効果的に受け取らせることも可能になる。

プレゼンテーションは取り引きを円滑に進める上で大切な要素であるが、とりわけ外資系の企業の場合、プレゼンテーションの持つ意味は大きい。アメリカ人社長に対する発表の内容はそれほど悪くなかったのに、ラフな服装と不適当な態度でプレゼンテーションを行ない、その印象の悪さが祟って後日、クビを申し渡されたという人を、私はこの目で実際に見たことがある。またアメリカでは、プレゼンテーション技術の巧拙でうまくいく話もまとまらなくなってしまうことなど、日常茶飯事である。プレゼンテーション能力はそれくらいアメリカでは重視されており、常識として身につけなければならない能力の一つに位置づけられているのである。

前述したようにプレゼンテーションでは外見が重要なポイントになっているわけだが、最初はやはり話の中身からチェックしたいもの。話の組立や論理構造は間違っていないか。話の本線は一本筋が通っているか。とくに強調したいポイントは明確か。レジュメは用意できているか。チャートの字や表の大きさは適当か。最低でもこれだけはチェックしなければならない。

その上で、姿勢は正しいか。声の大きさは適当か。口調ははっきりしているか。目は相手の視線をしっかりとらえているか（アメリカ人は、相手の視線をそらす人は信用しない）。機会があるごとに周りの助言を受けながら、一歩一歩勉強したらいいだろう。

IT言語をしゃべれるか

求められる普遍的能力の三番目として、IT(インフォメーション・テクノロジー)能力が挙げられる。ワープロ、パソコン、インターネットなどの知識を持ち、使いこなす能力、これがIT能力である。このITリテラシー(能力)に欠けた人は、新しい形の情報マネジメントに追いついていけないのではないだろうか。

通信・情報機器は日進月歩の勢いで進歩しつづけている。パソコンがビジネスの場に登場してきたのはいつのことだったろうか。詳しくは覚えていないが、一九八〇年代のことだったと思う。それから二〇年も満たないうちに、ビジネスの場はもちろん、家庭でも学校でもパソコンは必需品になってしまった。今では、パコソンが自由自在に操作できなければビジネスマンとして失格、と言ってはいささか厳しすぎるかもしれないが、少なくともこれからの時代、仕事に支障をきたすことは間違いないだろう。

それだけに、パソコンに限らず通信・情報機器を楽々と操作できるようになりたいものだが、この通信・情報機器、年配者にとっては実に扱いにくい難敵でもある。そのため、ハナから諦めてしまっているビジネスマンも少なくない。

「おれは機械は苦手だ」

「パソコンなんか、部下にやらせればいい。自分が覚える必要はない」

と開き直っている人も少なくないが、それでは英語と全く同じ。やはり、最低でもパソコンくらいは操作できるようになりたいものである。

その方法については専門書にゆずるとして、一つだけあげておきたいのは、自前のパソコンを持つということ。中には、会社のパソコンを使えばいいんだと言って、自前のパソコンを持とうとしない人がいるが、それでは習熟するのは難しい。

パソコンは決して安くはない。最近でこそ低価格のパソコンが出回るようになってきたが、それでもウン十万の出費は覚悟しなければならない。そこで勢い、会社のパソコンでと考えてしまうのだろうが、自由自在に操れるようになるためには、やはり自前のパソコンを買い込んで、「習うより慣れろ」の心構えで取り組むしかない。

「自分株式会社」への投資を惜しむのは愚かである。「自分株式会社」の成長・発展につながることなら、惜しまず金を投資する。その姿勢が、何ごとによらず、成功へと導くのである。

以上述べた英語力、コミュニケーション能力、プレゼンテーション能力、そしてＩＴ力は、自分の仕事が何であろうと、現代のビジネスマンにとって必須のスキルであり、コンピテンスである。特化した専門的能力と並んで、自分のものにしておきたい。

専門的能力と普遍的能力は、いわばリーダーシップを身につけるときのもっとも基本的な能力と言える。

リーダーの条件——仕事のマネジメント

ヨマイでCを

前述したように、一流のビジネスリーダーになるには機能的・専門的能力を身につけるのが最低の条件ではあるが、それだけではリーダーにはなり得ない。機能的・専門的能力に加えてマネジメント能力が備わったとき、はじめてリーダーと呼べるのである。

マネジメント能力は、仕事のマネジメントと、人のマネジメントに大きく分けることができる。もちろん、両者は密接不可分に結びついてはいるが、ここでは話を分かりやすくするために、あえて分けて考えてみる。

まずは仕事のマネジメントから。

仕事のマネジメントは「ＰＤＣＡ」で表現できる。「ＰＤＣＡ」とは誰でも知っているように、Plan（計画）、Do（実行）、Check（評価）、Action（行動）のことである。自分の仕事機能分野・専門分野が何であろうと、このＰＤＣＡのサイクルの上に乗せることにより、はじめて仕事の効果と効率を高めることが可能になる。これがないと、単なる職人芸で終わってしまい、仕事をマネージしているとは言えない。つまり、ＰＤＣＡを回す能力が、仕事のマネジメント能力の最低条件なのである。

一口にＰＤＣＡというが、実は、この中で大方のビジネスマンが苦手としているものが一つある。それはＣ（評価）である。これがきちんとできる人は非常に少なく、ビジネスの場では少数派に属する。というのも、今期が終わったその瞬間から来期の目標達成に向かって全力投球が始まるからである。すでに過去のものとなった今期の業績を分析し評価して、学習しようというプロセスがおろそかになりがちなのも、ある意味では仕方がないかもしれない。しかし、チェックを怠るということは、経験から何も学んでいないということでもある。それでは、企業や仕事を正しくマネージしていくことは難しいし、一流のリーダーにはなれない。

そこでチェックを正しく行なうための手段として、私は「ヨマイの法則」を以前から提唱し、実践してきた。

ヨマイのヨとは「ヨミトリ＝読み取り」のことで、事前に設定した目標と実績とにズレが生じた場合に、その原因を追求したり分析したりすることを指す。達成率何％とか対前年比何％ということはどこでもやっているが、それだけでは不十分。目標と実績にズレがあったらその都度、原因を究明して、二度と轍を踏まないように努めるのがリーダーというものである。

マは「マナビ＝学び」のマで、学習を意味する。いくら克明に分析したところで、その分析の結果から何かを学ばなければ、分析のための分析で終わってしまう。これでは何のための分析であったか分からない。やはり、分析した限りはそこから何かを学ぶべきで、学べば反省が生まれる。反省すれば改善が生まれる。

最後のイは、「イカシ＝活かし」のイ。つまり、学習の結果を活用することである。

「百聞は一見に如かず。百見は一考に如かず。百考は一行に如かず」で、どんなに覚え、どんなに考え、どんなに学んでも、行動に至らなければ宝の持ち腐れ以外の何ものでもない。ヨとマで原因を究明し、学習したらこれを活かし、来期の目標や計画の質を高めるために役立てることができる。

「ヨマイの法則」を反映したC（評価）を行なうことによって、PDCAのサイクルは螺旋階段状に上昇し、これが業績向上に結びつくことになる（次頁参照）。P（計画）とD（実行）は誰でもやるが、正しいC（評価）ができる人は非常に少なく、これができるようになるだけでも相当の差別化が図れるはずである。

CCで「人」の味つけを

PDCAのサイクルを回す作業はある程度、機械的に、システマティックにできる。しかし、仕事のマネジメントと言っても所詮は人が行なうことである。したがって、組織や人を動かすためのもっと属人的・個人的な能力が問われてくる。それが「CC」である。

最初のCは調整能力（Coordination）のCである。組織内のタテ・ヨコ・ナナメの関係を調整しながらものごとを一定方向に運んでいくために必要なスキルであり、これもリー

■マネジメント能力（仕事のマネジメント）

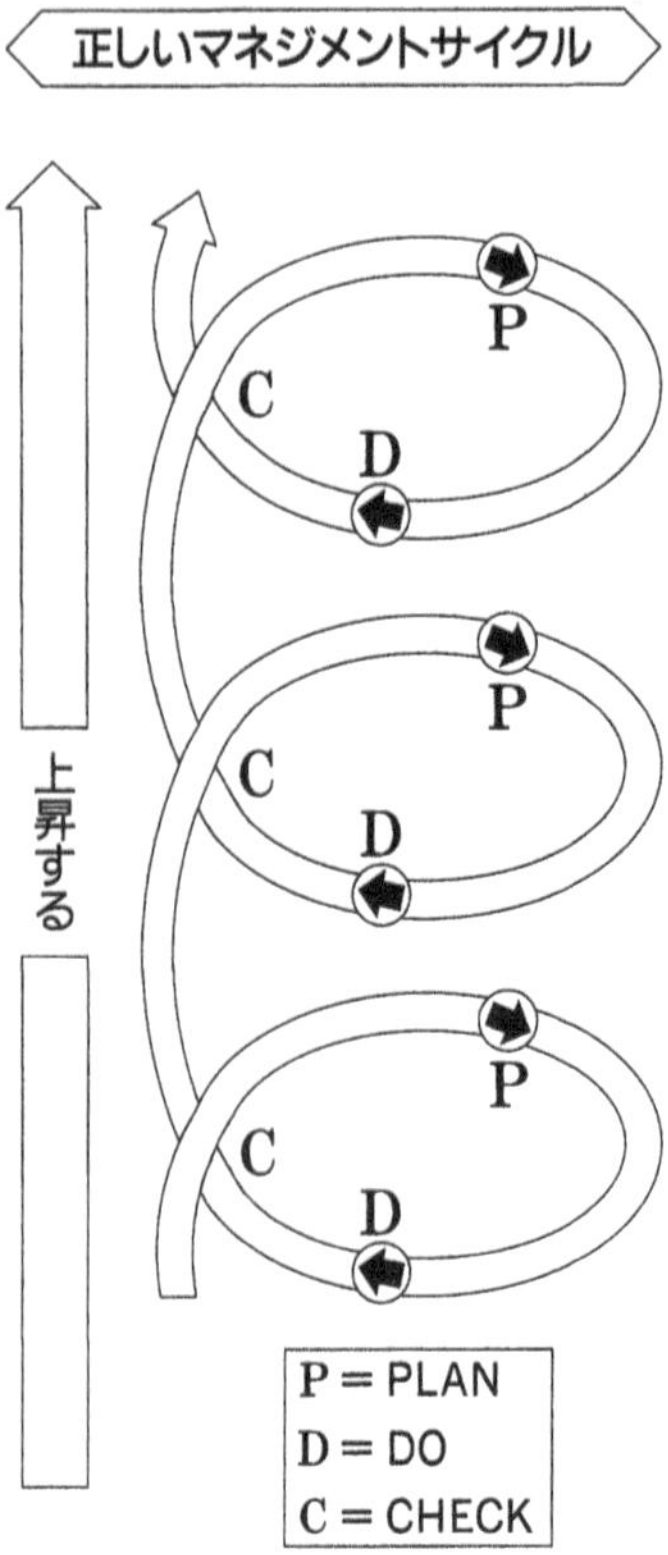

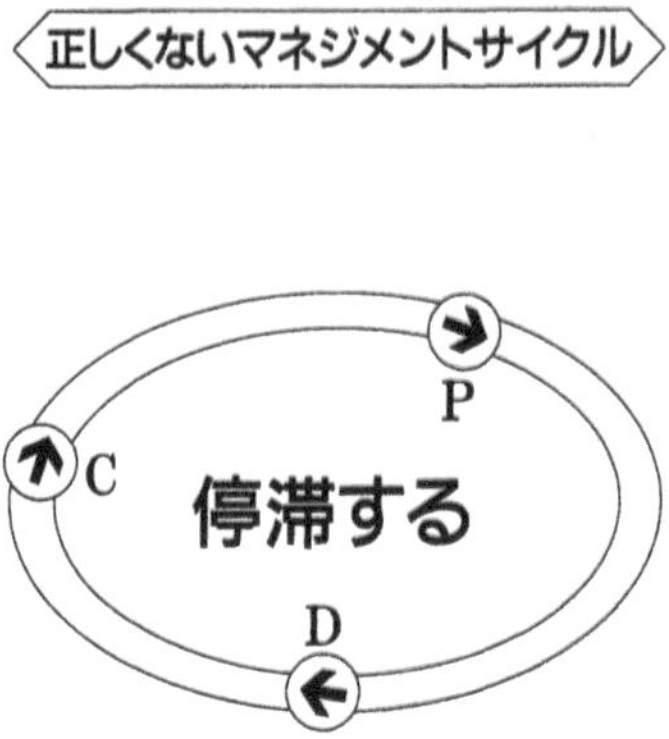

CHECKが大切

ヨ = 読み取り
マ = 学び
イ = 活かし
ヨマイの原則

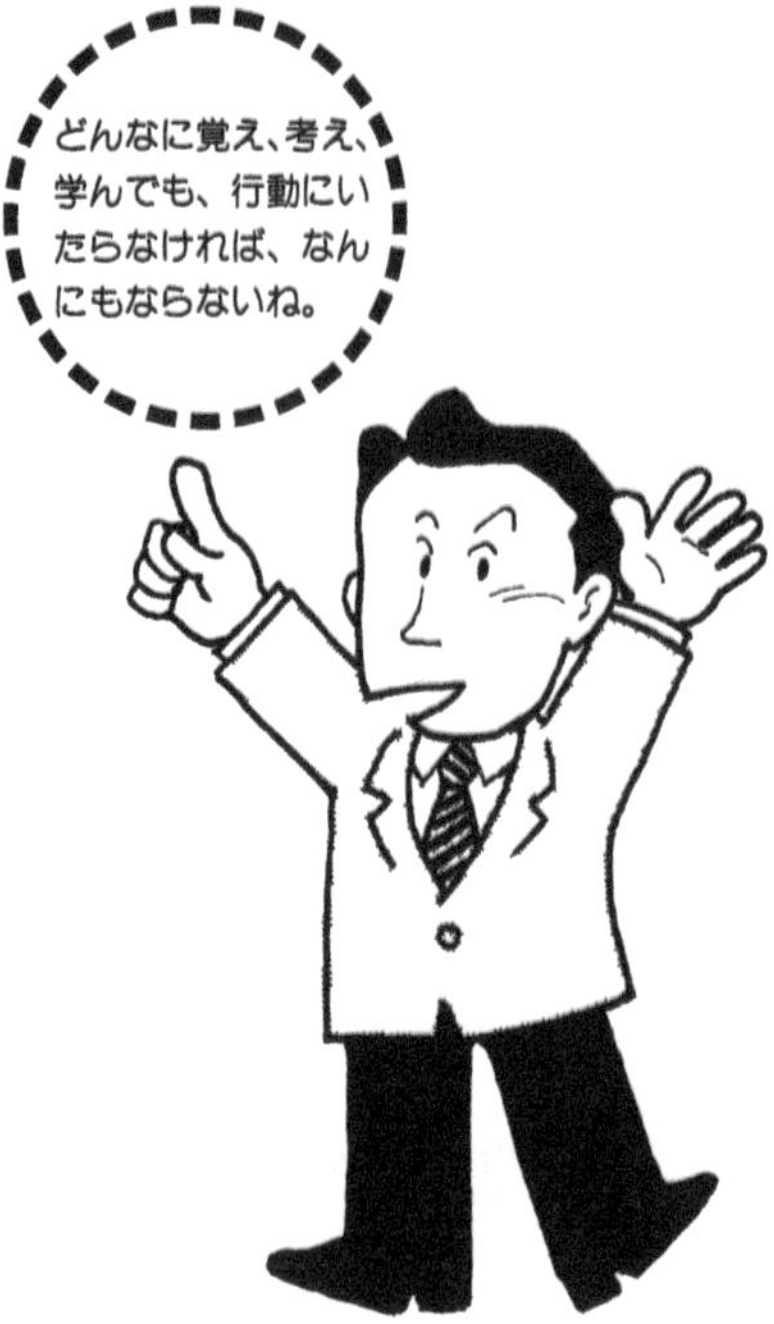

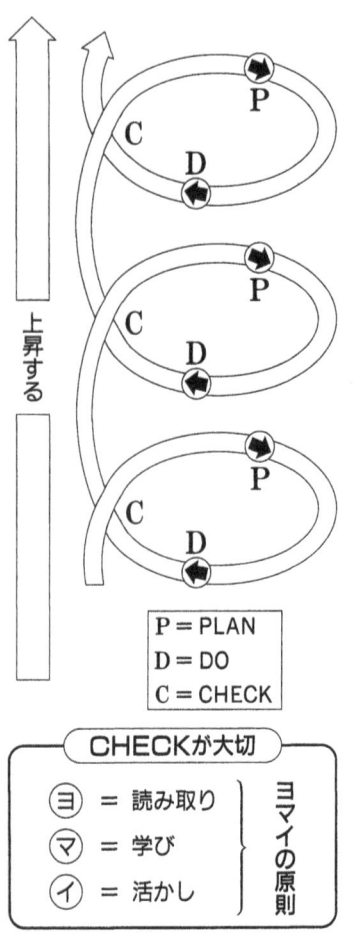

ダーシップの一部である。

ビジネスリーダーには当然のことながら、リードする能力が必要だが、そのリードの型は往々にして強制的なものになりやすい。もちろん、緊急時にはそれで構わないのだが、平時にあっては関係者の理解と同意とを取りつけた姿のリードであることが、よりよい結果を期待する上からも望ましい。

ところで、調整能力というとすぐに「根回し」を思い出す向きも多いだろう。この根回し、大方の人が日本人特有のものであると考えているようだが、実はそうではない。程度の差こそあれ、気のきいたアメリカのビジネスマンもけっこう、あの手この手で根回しをやっているのを私は実際に何度も見た。会議のまえに、

「ところでこの件、おまえはどう思う？」

と聞かれたこともあるし、会社がひけてから近所のバーで一杯飲みながら〝根回し〟を受けたこともある。

根回しという行為は良くないことのように思われているが、根回しという習慣があることが問題なのではなく、コンセンサスや和を尊ぶあまりに根回しを事前にとり行なって「一応」の解決を得た結果として、公の場ではオープンに激論を交わしにくい雰囲気ができ上

がってしまうことこそ危険信号というべきであり、改善すべき点ではないかと考える。い い換えれば、社内のオープンな雰囲気が欠如しているために、それを補うための代償行為として根回しが強調されすぎているのではないか。根回しがなければコトが運ばないという雰囲気こそが危険なのではないだろうか。

いずれにしても、リーダーには根回しを含む調整能力が必要である、ということをここでは知っておいていただきたい。

最後のＣは創造性（Creativity）のＣ。ＰＤＣＡというと、ただ機械的に仕事をサイクルさせているように考えられがちだが、このサイクルを回す際に付加価値をつけ加える必要がある。そのために必要なのが創造性である。

「経営とは付加価値創造業である」という言葉があるように、変化の時代において伸びる企業は「前例のないこと」にあえてチャレンジする企業である。昨日と比べて今日、今日と比べて明日のわが社の経営や仕事のやり方に「何か新しいこと、何か今までと変わったこと」を付加できているかどうか。数字・論理型の左脳の開発と合わせて、情緒・感性・創造性型の右脳の開発が、これからのマネジメント能力には強く求められている。

前項のＰＤＣＡのサイクルに調整能力・創造性の二つのＣを加えたものが、仕事のマネジメント能力の基本である。

塹壕からはい上がろう

以上、リーダーが基本的に身につけなければならない三つの能力、つまり専門的能力、普遍的能力とマネジメント能力について述べたが、これらの能力を備えたからと言ってリーダーになれるわけではない。この段階まではマネージャーでしかないのだ。

以前、「フォーチュン」誌にリーダーシップ論が掲載されていた。

「明日のリーダーは、訓練を受けたスペシャリストである場合が多いと考えられる。だが、リーダーとして大成するためには、彼らは遅かれ早かれ専門家という塹壕からはい上がって、社会のさまざまな分野を切り離している境界のうえに登らなければならない。現代のリーダーが直面する多種多様の問題や、複数の利害関係者と対処して、実績を上げることのできるのはゼネラリストだけである」

社長、専務、常務などのリーダーの座についたものの、「自分は技術が得意だ」「営業が得意だ」「経理のプロだ」的な専門家症候群からいつまでも脱却できないようなら、会社も不幸だし、本人も不幸、さらには部下も不幸ということにもなりかねない。だから「フォーチュン」誌も言うように、専門家という塹壕からはい上がらなければならないわけである。

では、専門家という塹壕からはい上がるにはどうしたらいいのだろう。それについては次章で解説しよう。

第三章　マネージャーからリーダーへ

リーダーのVOST

心に火を燃やす

リーダーに必要な権威を身につけるためには、専門的能力と普遍的能力、さらにはマネジメント能力の三つの能力が必要であるが、これだけではリーダーにはなれない。リーダーになるには、このほかにいくつかのスキルが必要なのだ。その第一が「人のマネジメント」である。人のマネジメントとは、簡単に言えば「人の心に火を燃やす」能力、「人をやる気にさせる」能力である。英語では、Inspireがこれに当たる。

「どうもウチの社員はやる気に欠ける」
「社内が活性化していない」
「部下に覇気が感じられない」
「率直で素直なのはいいが、自分からは手を挙げようとしない」

と嘆く経営者や管理者が多いが、それは一にも二にも、人のマネジメント能力に欠けるからである。もちろん、こういう経営者や管理者がリーダー失格であるのは言うまでもない。いやしくもリーダーたらんとする者は、人のマネジメントがきちんとできる能力を身につける必要がある。

とはいえ、無気力・無関心・無感動のいわゆる三無族をやる気にさせるのは並大抵のことではない。銀座のホームレスでさえ糖尿病にかかっていると言われる飽食の時代に生きている若者たちは、ハングリーという思いを経験したことがない。ハングリーを体験したことのない者を燃えさせるのは、水を含んだ木に火をつけるくらい難しい。

では、どうすればハングリーでない者にハングリー精神を持たせ、結果的にやる気や意欲を高めさせることができるのだろう。それに対する私の回答は、次に述べるVOSTの公式である。

ビジョン——トンネルの向こうに明かりを

VOSTとはビジョン（Vision）、目標（Objective）、戦略（Strategy）、戦術（Tactic）

のことである。

人は、単なる金銭的な動機を超えた、何らかの理想や大義、使命を感じたときに大きな仕事をするものである。また、現在の状況がどんなにひどくても、トンネルの向こうに期待や希望という明かりが見えていれば、大抵のことは我慢できる。反対にとりあえず現状には満足していても将来に夢がないとやる気を失いがちになる。それでは、企業の発展は望めない。やはりリーダーになろうとするなら、まず第一に自らビジョンを持ち、それを社員や部下に共有させることのできる能力の持ち主になりたいものである。

企業は長・短期の目標を数値で掲げ、当面これを達成することに全力投球する。その際、経営者の長期ビジョンのもとに数値が上げられているのならばいいが、単なる数値の羅列となると、社員の士気は上がらない。なぜ数値を上げなければならないのか、その意義が分からないものだから、ノルマに追いかけられるという意識ばかりが強くなって、やる気や士気を失ってしまう。

それを避けるためにも、リーダーはビジョンを提示しなければならない。会社という舞台を使って何をなし遂げようとしているのか。社会や消費者に対してはいかなる貢献をするのか。社員にはどんな希望を与えることができるのか。そのためには、一〇年後の我が社は規模と質の面でどうでなければならないのか……。これらの点について明確な意識を持ち、つねに社員に示していく必要がある。

もちろん、ビジネスマンにとって一番重要なのは「Now and Here」、つまり目前の一瞬一瞬であるが、「Now and Here」を充実したものにするには、前提として将来の夢が必要だ。逆にいえば、夢があるからこそ、今を一所懸命に生きることができるのである。

だからこそ、売上や利益などの目標を設定する場合には、単なる金銭的な数値だけではなく、社会の将来と自分の会社の将来を見据えた上でのビジョンを明確にしておく必要がある。そのビジョンにもとづいて長・短期の目標を設定すれば、クリアする確率がより高まるというものである。

目標――やってやれないことはない

その目標だが、これをどう設定するかも、リーダーとしての素養が問われるところである。目標の与え方によっては部下のやる気を促すこともできるし、反対に意欲を削ぐことにもなるだけに、リーダーを自認するなら、部下のやる気を引き出す目標の与え方をマスターしたいものである。

そもそも、人は目標を持つことによって、より意欲をかき立て、スキルも磨こうとするものである。その反面、目標があまりにも現実離れしていては、その意欲も萎縮してしまう。では、目標設定はどのへんに置いたらいいのだろうか。

基本的には「やってやれないことはない」というラインを目安に目標を設定すること、これがポイントである。微妙な表現ではあるが、部下それぞれの能力を一〇％から一五％程度上回るあたりを基準とすべきだろう。

これが五割、六割アップ、さらには二倍、三倍ということになると、「そんなのは無理だよ」と最初から諦めの気持ちが先に立ってしまう。かといって、ほんの少しの頑張りで達成可能なラインに目標を設定すればよいかというと、これまた部下の新たな意欲を引き出すことにはつながらない。やはり、「やってやれないことはない」「ちょっと厳しいけれど、頑張ればできそうだ」といったところが適当だろう。

あるいはまた、一回の挑戦では不可能、二回目でも無理、ようやく三回目の挑戦で手が届くといったラインでもいい。部下の能力を一〇％から一五％上回るラインとはこんな感覚だ。そのためには、ふだんから部下と積極的なコミュニケーションを図り、部下一人ひとりの能力、実力を正しく把握していることが前提になるのは言うまでもない。

戦略――大枠としてのやり方

ビジョンもある、目標も設定した。だが、どうやってビジョンを達成するのか、その方策を示せないようでは一流のリーダーとはいえない。

「わが社の将来の目標はこれこれこういうものである。そのためには、わが社はこういう方向を目指して一歩一歩、着実に歩んでいこう。歩いているときはこういう力をつけながら、こういうことは避けながら歩こう」というのが戦略である。ビジョン＋目標＋戦略＝生きた計画という公式に沿って言えば、優れたビジネスリーダーとは、社員や部下に将来の夢を与え、その夢を実現させるための大枠としての方法、すなわち戦略化することのできる人である、ということになる。そういうリーダーによってはじめて、ビジョンも目標も生命が吹き込まれるわけである。

正しいビジョンと目標と戦略を示し、人の心に火を燃やすことができれば、「平凡な人に非凡な仕事をさせる」ことが可能になる。

戦術──任せるが勝ち

最後はTactic、戦術である。

結論から先に言えば、ビジョン、目標、戦略を示すところまでがリーダーの仕事で、戦術については部下に任せるべきである。

あなた自身、仕事の細部にわたっていちいち口をはさむリーダーの下にいたら、やる気になるだろうか。仕事に燃えるだろうか。右向け、左向けと、まるでロボットのような扱いをされて、「よし、やってやるぞ！」という気持ちになるだろうか。

人は任されたとき、信任されたときにやる気に燃え、予想以上の成果を上げるばかりか、自ら成長もするものである。

もし、部下のプラスαの能力を引き出そうとするなら、また部下の成長を願うなら、戦術は任せるべきである。社内が活気に溢れ、次々と新機軸を打ち出す企業の多くは、このへんの役割分担がはっきりしている。

反対に、営業から経理から製造現場まで、企業活動の全てを社長一人が仕切っている会

社――苦学行力型のオーナーが経営する中小企業に多い――もある。実は、

「いやあ、ウチの社員はまるでやる気がなくて困っています」

「いちいち指示を出さなければやろうとしないんだから、嫌になってしまう」

などと嘆いたりグチを言ったりするのは、そういうタイプの経営者であることが多い。それは社員にやる気がないのではなく、リーダーたる社長が社員のやる気を奪っているのである。確かに、最近は〝指示待ち族〟が増えているようだが、それでも、ある程度任せ、励ましていけば、〝指示待ち族〟もやる気に燃えるはずだ。「指示を出さなければ……」と嘆く経営者の多くは、自分が社員を〝指示待ち族〟にしてしまっている一面があることに気づかねばならない。


社内が〝指示待ち族〟で溢れれば、会社は発展どころか衰退の道を歩むことになる。そんなことにならないためにも、やはり、社内の士気を高め、一人ひとりの社員の意欲を向上させようと思うなら、戦術は部下に任せる、細かいところには口は出さない、といった姿勢が必要であろう。

ただし、任せるといっても、何でもかんでも任せればいいというものではない。また、任せっぱなしでもいけない。そのへんのさじ加減はとても大切なのだが、これについては

項を改めて詳しく述べてみたい。

リーダー必須のスキル――人づくり

経営とは「人づくり」

ビジネスリーダーとは、すべての仕事を自分で行なう人ではない。人をリードしながら仕事を成功へと導く人、それがビジネスリーダーである。そのためには人を育てなければならない。そこで、いかにしたら人は育つのか、その具体的方法論について述べてみたい。とは言うものの、私自身、部下を十分に教育することができるか、してきたかと問われても、ただちに「イエス」と答えることができない。それくらい部下の教育というのは難しく、複雑な問題なのである。

但し、一つだけ断言できることがある。人を育てようと思ったら「社員を長期的資産として扱う」ことである。この視点に立って部下を教育できる人が優れたリーダーということなるのではないかと思う。

長期的資産として扱うということは、社員を短期的な経営目標を達成するための便宜上の手段として扱わない、ということである。ありていに言えば、社員を使い捨てオムツのようには扱わないことだ。

私はビジネス・ライフのほとんどを、アメリカ国籍の外資系企業で送ったが、アメリカの企業は、あまりにも頻繁にレイオフをしすぎやしないか、という思いがある。レイオフとは日本語で「一時解雇」と訳されるが、言うまでもなくこれは婉曲的表現である。実際は「永久解雇」の場合が多く、再び会社に戻されるケースはまれである。

会社の都合でいつレイオフを申し渡されるか分からないと、社員は必然的に、潜在的かつ顕在的な恐怖感や危機感を抱く。そういう社員に会社に対する長期的な忠誠心を求めることはできない。

対して、日本の企業はどうか。日本の企業もレイオフはする。とくに、バブル崩壊以降は目立って増えてきているが、あくまで結果としてであることが多い。

役員報酬のカットを手はじめに、経費の削減もした。希望退職者の募集もした。非採算部門の縮小や閉鎖も決定した。新規事業への進出にしても、今いる社員にできる限りの再教育を施し、新たな部門で使おうとしている。最後は出向をやって、それでもどうしてもダメだという場合に、退職金を積み増ししてレイオフをするところが多い。

このように、日本の企業も結果としてはレイオフをするが、アメリカの企業とはプロセスが違う。アメリカ企業のレイオフは、日本人の目から見ると、情け容赦なくバッサリとやっているように見えてならない。

しかし、そんなアメリカの企業にしても、いわゆるエクセレント・カンパニーと呼ばれる会社、あるいは優秀なリーダーは社員を長期的資産として扱う。

「人、モノ、金」が経営の三大資源と言われているが、究極の経営資源は「人」であり、経営とは「人づくり」であり「人育て」である、というのが私の持論である。

では、その「人づくり」はどのようにやったらもっとも効果的なのだろうか。社員を長期的資産に見立てた上で、どう教育していったらいいのだろうか。

これはあくまで私なりの考えであるが、「人づくり」には、「方向性を与える」「納得目標を与える」「権限を委譲する」「フィードバックを行なう」「公正な評価と処遇を行なう」の五つの要件が、人を育てるためには重要ではないかと考えている。

次に、この五つを個別に見てみよう。

方向性——何が大切？

リーダーに求められる基本的な条件の一つに、「部下に方向性を示す」ことがあげられる。とくに、短期目標との整合性の下に長期の目標や戦略を打ち立て、部下にその大枠を示すことは、管理職にとっての必須の条件であり、これができない管理職は「その日暮らしの管理職」ということになる。

そこで、必要になってくるのが、私流にいうと「二つの帽子をかぶる」こと。

一つは、営業担当、技術担当といったように、自分の担当する部門の長としての帽子。この立場では、プレイング・マネージャーとしての率先垂範が求められる。つまり、百の説教を垂れるよりも行動で示すこと、この姿勢が重要なのだ。

もう一つの帽子は、会社の代表者としての、もっと大きな帽子。この立場では、管理職は自分の部門の責任者という面に加え、もっとマクロの立場から会社全体に責任を負うことになる。その際、とくに必要となるのが企業理念である。

会社の使命は何か。何を達成し、何に貢献しようとしているのか。その思い、すなわち理念・価値観・使命感をはっきりさせることはリーダーの大きな役割である。会社に企業哲学や企業理念があるかないかで、とくに今日のような厳しい経済環境の中では、ゴルフでいえば「アゲインストの風」に対する抵抗力、耐久力、持久力に大きな差が出てくる。たとえば、「この仕事を通じて地域住民の健康に奉仕するのだ」といった使命感を全社員が強く持っている会社は、不況に対する体力も強いものだ。

いかに企業理念を社内に浸透させるか。これはリーダーにとって非常に重要な使命であることを認識すべきである。

納得目標——ヤル気三倍

人にやる気を起こさせるためのキーワードの一つに目標があることはすでに述べたが、目標設定は大事なことなので、ここでもう一度考えてみたい。

どの企業でも目標を設定して企業活動に取り組んでいる。ところが中には、目標自体に問題があったり、あるいは設定の仕方に問題があったりして、単なるスローガンで終わってしまっているケースも少なくない。それを私は「死んだ目標」と呼んでいる。死んだ目標では意味がない。目標を設定するなら「生きた目標」を設定すべきである。

生きた目標とは、社員全員が納得でき、かつまたやる気を起こすような目標である。これを「納得目標」という。

納得目標とは文字どおり、上から一方的に押しつけられる目標ではなく、自分のものとして納得している目標である。

ある心理学者の調査によると、人はまったく同じ内容の目標ではあっても、強制目標を押しつけられたときと、納得目標を与えられたときとでは、達成意識に二・六倍もの開きが出るという。逆に、まことに妥当と思われる目標でも、一方的に押しつけられた場合には、八四%もの人は、とりあえず拒否反応を示すという。まあ、こんな調査結果を待つまでもなく、押しつけられた目標と納得している目標とでは、取り組み方の姿勢がまったく違うことは明々白々である。

さて、人に納得目標を与えるためのコツは何かということになると、これは「参加・参画」ということに尽きる。目標を設定するプロセスに当の本人を参加させ、意見を聞きながら最終目標を設定すれば、その目標は、本人の意見も反映された結果としての目標であるから、当人にとっては「マイベビー」という感覚で映る。それだけ愛着も強くなり、コミットメントも倍加する。

「いちいち部下の意見を聞いていたら、肝心の会社の目標が達成できない」と心配する向きもあるかもしれないが、その必要はない。たとえ本人の目に高すぎると映る目標であったとしても、それなりに自分の意見を言う機会を与えられると、一種のガス抜き効果が働いて、必ずしも一〇〇%得心のいく目標ではなくても、それなりに納得して受け入れるものである。

ともあれ、目標は納得目標であることが望ましいのだが、さらにいえば納得目標はスマート（SMART）に設定されなければならない。

スマートのSとは具体的（Specific）のSである。「とにかく一所懸命やりなさい」「仕事に情熱を傾けよう」では単なる精神論で終わってしまう。5W1H（誰が、いつまでに、なぜ、何を、どこで、どのように）の原則を生かしたものでありたい。

Mは測定可能（Measurable）のMである。計数化可能といい換えてもいい。測定可能な目標にすれば、客観的な評価も可能になる。個人的な好き嫌いや偏見を排除することもできる。

Aは達成可能（Attainable）のAである。これについては前にも述べたので省略する。

Rとは、意義があるという意味の（Relevant）のR。達成すべき目標が、社会への企業の貢献といった面で、何らかの意味や意義を持っているかどうか。これも重要である。ただ単に、金儲けだけが目標というのでは、人の心を動かすことはできないし、達成は難しい。

またRとは、現実的（Realistic）のRでもある。

「日本一の超優良企業にする」

「経費は最大限抑える」

といったものでは、ピンぼけ写真のようにあまりにも漠然としすぎている。一言で言えばスローガンではあっても目標ではない。また、実現の可能性もほとんどない。

「日本一の超優良企業にする」ためには、売上目標をどれくらいに設定するのか、利益はどれくらい見積もっているのか、それらについての数値目標を示してはじめて、スローガンが目標になるのである。目標設定はあくまでも現実的でなければならない。

最後のTは、進捗状況がわかるという意味の（Traceable）のT。目標を追いかけている過程で、ポイントポイントごとに目標に対する達成度が分かるようにしておきたい。これにより、あまり目標と実績とが食い違っている場合には、それなりの是正措置を探ることも可能になる。いよいよ最後になってフタを開けたら惨憺たる結果だった、という悲劇も避けられる。

Tはまた時限設定（Time-based）のTでもある。いつまでに目標を達成するのか、これがなければ生きた目標とはいえない。目標を設定するときには必ず時限設定をすることを忘れないようにしたいものである。

以上、納得目標を設定する際の「SMART」の原則を解説してみたが、この原則を踏み外した目標はすべて死んだ目標であり、単なるスローガンや精神論的な決意表明でしかない。

権限委譲――権限異常との違い

「人を育てるためにもっとも効果的な方法は任せることである」とは、ピーター・ドラッカーの言葉だが、私自身の体験から言っても、この言葉には納得性を感じる。

中小企業によく見られることだが、従業員五〇人から一〇〇人で、年商三〇億円から五〇億円に達すると、その後はピタッと成長の止まってしまう会社がある。こういう会社の特徴は何かというと、「ファイトと実力がある創業者型」という点である。何しろ設立からすべてを自分の手で取り仕切ってきたという自負があるから、人に仕事を任せてももどかしくて仕方がない。ついつい何でも自分でやってしまう。

一人の人間がなし得ることは大きいが、逆に言えば、一人の人間がなし得ることには自ずから限度がある。天才ならいざ知らず、平均点をちょっと上回った程度の一個人がいくら遮二無二頑張ってみたところで、できることはたかが知れている。

「マネジメントとは人を通じて成果を上げる仕事なり」ともいう。そのためには、経営者はどうしても自分でなければできないことのみに専念して、そのほかは思い切って人に任せることである。権限委譲が必要になるわけだ。

パーセプションギャップという言葉がある。「認識のずれ」という意味だが、実は権限委譲に関しても、とかく認識のずれ、平たくいえば思い違いが目立つようである。典型的には三つの思い違いがある。

第一は、一般的に人は自分の能力や力量を、本当の力よりも最低二〇%は過大評価する傾向が強い反面、ほかの人の力は実力よりも低く評価しがちである、という点である。「人には厳しく、自分には甘い」のが人の常なのである。悪気はいっさいなくても、とりあえず「他厳自甘」の色眼鏡で人を見るから、どうしてもオレがオレがという自信が先行して、人には心配で任せられなくなる。

現実には、思い切って任せてみたら、部下の方が自分よりもはるかによい仕事をした、という話はいくらでもある。本人は認めたくなくても、周囲の人はそう見ている。

第二のギャップは、「任せ度」と「任され度」の間の乖離である。

部下を持つ立場の管理者に、

「あなたは、どのくらい部下に仕事を任せていますか。十分に任せて力を発揮する機会や余地を与えていると思う人は一〇点を、全然任せたこともないし、今後とも任せるつもりはない、すべて自分でやるという人は〇点を。あとは程度問題で八点でも三点でも何点でも自己採点してください」

と質問すると、私の経験では、八〇パーセント以上の管理者が六点から八点の間に自己採点をする。

次に、これらの上司の部下に対して質問する。

「あなたの上司は、仕事のやり方をどれくらい任せてくれますか。十分に任せてもらっていると思う人は一〇点、全然という人は〇点を。あとはその間の何点でも……」

これに対する答えは、八〇%以上の人が二点から四点になる。何度繰り返してもこういう傾向になる。つまり、上司が「自分はけっこう任せて力を発揮する裁量を与えている」と思い込んでいるほどには、部下は任されているとは実感していないのである。それどころか、

「自分の上司は何と任せ下手なんだろう。それほど自分でやらねば気がすまないのなら、自分でどうぞ。その間に喫茶店にでも……」

としらけている。任せ度と任され度との間には、十中、八、九はこのようなパーセプション・ギャップがある。上司・部下とも本気で思い込んでいるだけに困ったものである。とはいっても、困っているばかりでは仕方ない。どうすればよいのか——。

上司の立場にある人は、思い切って、目いっぱいをさらに超えるほどに任せてみることである。大方、任せすぎサイドで失敗するのと、任せなさすぎサイドで失敗するのとを比べてみると、任せすぎサイドで失敗をするほうがよろしい。何故か。人が育つからである。人が育てば会社が育つ。上司の仕事の半分は人を育てることにある。

第三の思い違いは、誰でもかれでも任せきりにさえすれば、ヤル気を起こす、力もつくと考えて、なるべく目イッパイに任せきりにしてしまうことだ。現実問題として、部下の

なかには、重要な仕事を任せてはいけないという人間もいる。今年入社したばかりの新入社員や気力も実力も全く伴っていない人に下手に任せると、育てるどころか逆につぶしてしまう結果になりかねない。

「誰にどれくらい任せるか」を決めるのと、少なくとも同じ程度の重要さで、「誰にはこれ以上任せない」という「各論としての基準」を設定することが大切である。任せたとしても、①報告は受ける、②指導はする、という二つの条件は必要である。

「上司の本当の器や力量は、上司がいるときではなく、いないときに部下が何をやるかによって決まる」という。そのためには、常日頃から「正しい権限委譲」を心がけることが肝要である。

フィードバック――今どこにいる？

目標を設定し、戦略を練ったら、戦術の部分は部下に権限を委譲して、目標達成に向けて動きはじめるわけだが、そのプロセスにおいては絶えず達成度合いをチェックする必要がある。権限委譲したからといって、すべてを任せておいたら失敗することも十二分に考えられる。

そんなことにならないためにも、時折り報告を受けながら達成度合いをチェックする必要があるわけだが、そのとき、目標が計数化されていなかったらチェックのしようがない。目標は計数化されなければならないというのは、こういう意味でもあるのだ。

たとえば、年間売上一〇〇億という目標を掲げて全力投球を始めた場合でも、一年間、黙って手をこまねいているわけにはいかない。毎週、毎月、途中経過をチェックして、どれくらい達成しているのか、あるいはまた、このままで達成できるのかを確認しなければならない。

そのためには、ときに応じて指導・助言をする必要がある。部下からアドバイスを求められたら明快に指示を与えなければならないし、また、あきらかに手順が狂っていたりピントがはずれたことをやっている場合には、手を差し伸べるべきである。しかし、「ちょっとおかしいな」程度だったら、じっと我慢の子を決め込んで、口を出さないほうが人は育つ。口を出すか我慢を決め込むか。それはそのときどきの状況によって判断するほかないが、基本的には、多少のことには目をつぶって、小さな失敗を与えるくらいの心構えでいたほうが人は成長する。

ただし、一命を落としかねないような状況だったら、もちろん手を差し伸べなければならない。

評価と処遇――正しい差別待遇を

ビジョンを明確にしたり目標を設定したりすることも部下の士気の高揚に役立つが、ある意味ではそれ以上に大きな力を発揮するのが、結果に対する評価と処遇である。部下の働きと結果を正しく評価すれば、

「きちんと評価してもらってよかった。頑張った甲斐があった。これからも頑張るぞ」

と、ますますやる気にさせることができるだろうし、反対に正しく評価しなければ、

「あんなに頑張ったのに全然、上司は評価してくれない。もう、やってられないよ」

という気持ちにもさせてしまう。それだけに結果に対する評価は正しく行ないたいものである。

とは言っても、評価と処遇は非常に難しい問題を孕んでいる。例えば、目標に向かって、朝早くから夜遅くまで寝食を忘れて頑張ったもののいい結果が得られなかった、あるいは

逆に、あまり努力しなかったが追い風に乗っていい成果を上げることができた、ということはビジネスの現場ではよくあることだが、こういうときにはどう評価したらいいのだろう。アメリカではこういう場合、熱心にやったかどうかより、いい結果を出せたかどうか、つまり結果オンリーで評価する企業が多いようだ。それは評価の方法としては簡単だが、果たして日本の風土を考えた場合、それでいいのかどうか。

そうした問題を含めて、評価と処遇に関して私は、次の三点から考え、実践することにしている。

第一のポイントは一見、簡単に聞こえるかもしれないが、「なるべく早く」ということである。三月の末に出た結果の評価を一二月に入ってから行なうというのでは、新鮮さも感激もない。拙速はよくないが、巧遅はさらによくない。

第二のポイントは、「プロセスも評価する」こと。これは先の問題に対する回答でもあるが、あまりに結果ばかりを重視しすぎると、いつの間にか部下の心の中に悪い意味での結果至上主義が根を張らせることになる。そして、「正しい結果を生むためには、正しいプロセスの積み重ねが必要である」という、マネジメントの基本原則が忘れ去られてしまう。

したがって、結果のよし悪しを評価するのと同時に、どのようなプロセスを経て、どのようなやり方でその結果に至ったのか、という面についても評価の対象に加える必要がある。バランスとしては、私自身の体験に照らし合わせると、結果8に対してプロセス2程度の割合が望ましいようだ。

第三のポイントとしては、「賞大罰小」型の信賞必罰主義を提唱したい。よい結果を出した人も、悪い結果しか出せなかった人も同じ評価で同じ処遇という、誤った平等主義は人の心と組織に沈滞をもたらす。フェアな評価にもとづいた上でのアメとムチの使い分けが必要であろう。

ただしこの場合、なるべく加点主義が望ましい。賞の部分をなるべく大きく扱い、罰の部分は小さめに抑える。「賞大罰小」とはそういう意味である。

また、何らかの理由で成績が悪いために部下を降格させた場合でも、その後の本人の努力と実績次第では、再び浮かび上がることが可能であるという、リカバリーショットの余地を残しておくことも重要である。いったん落ちたら二度と上がれないという組織・制度の会社には、事無かれ主義的な消極思想がはびこるからである。

リーダーに求められるマインド

人間的能力とは?

ビジネスといっても、所詮人間のすることである。機械を動かすのも、カネを生み出すのも人間である。その人間集団のトップに立って、リーダーシップを発揮する以上、いろいろな能力や特徴を持った数多くの人間を、権力による強制ではなく、心からの納得のもとに動かしていかなければならない。そのためには、ただ単に専門的能力や普遍的能力、あるいはマネジメント能力というスキルだけを持っているだけではなく、人間的な魅力を備える必要がある。「あの人の言うことなら喜んで従いたい」「あの人の下で働きたい」という気持ちにさせなければならないのだが、それはひとえに人間的魅力の有無にかかっていると言っても過言ではない。

つまり、リーダーとはマネジメントができることに加え、「人の心を燃やす」ことのできる人であるわけだが、それには、単なるスキルを超えてマインドの世界で人をやる気に駆り立てる能力が求められる。

その能力を、私は「人間的能力」と呼んでいる。

人間的能力とは、その人が持つ人間性、人格、人徳などを指し、さらにはその延長線上での行為や行動をも意味する。「人間としての納得性」といってもよいだろう。人は説明や説得を超えて納得をしたときに、よりよい大きな仕事をするものである。「この人についてゆきたい」という思いにさせてはじめて、人はリーダーたり得るのである。

これまで解説してきたことは、すべてスキルに関することだった。専門的能力にしても仕事のマネジメントにしても人のマネジメントにしても、すべてリーダーが身につけるべきスキルとして話を展開してきた。それに対して、これから述べる人間的能力は、マインドに関わることである。

真のリーダーとは、これまで述べてきたスキルに加えて、マインドを備えた人のことをいう。そして、スキルとマインドの比重を考えると、スキル2、マインド8ぐらいのバランスでちょうどいいのではないかと私は思う。

リーダー・マインドとはどういうものなのか。またどうあるべきなのか。それをこれから述べていくわけだが、心に関することだけに誰もがすぐに身につけられるというものではない。頭では分かってもなかなか実践できない、という面もある。それだけ難しい問題を含んでいるのだが、人間的能力こそはリーダーをしてリーダーたらしめる最大の要因でもあり、リーダーを目指す限りは誰もが身につけなければならない能力である。

では、人間的能力は後天的努力で培うことができるのだろうか。中には、「人格だの人徳だと言われても、そんなものは自分にはそぐわない」と、ハナから諦めている人もいるかもしれない。だが、そんなに性急に結論を出す必要はない。確かに人間的能力はある部分、先天的な要因を含んでいるのは事実である。しかし、完全とは言わないまでも、ある程度努力で培うことができるのが人間的能力である。

では、どんな努力をしていけばいいのか。それには次に上げる五項目、すなわち「一目」「二責」「三識」「四K」「五S」を実践することである、と私は考えている。

一目――目標

「目」とは目標の略である。何を目指し、何を達成しようとするのか。その目標を設定することは、企業を円滑に運営する上でも重要だが、自分自身を成長させ、啓発させるためにも、必要にして不可欠である。

リーダーには夢がなければならない。夢、希望、人生の目標……これらを追い求めていくマインドがあるかないかでリーダーとフォロアーとに分けられるといっても決して言い過ぎではない。その夢や希望、たとえば英語力を身につけるとかＩＴ能力を高めるといったことにチャレンジするときも、ただ漠然とチャレンジしたのでは、大きな期待は望めない。その際にはやはり、前述の「ＳＭＡＲＴ」の原則にのっとって目標を設定し、一つひとつ着実にクリアしていきたいものである。

二責――自責と他責

二番目の「責」は責任の略である。

私は責任のとり方、あるいは責任感の感じ方には「他責」と「自責」があると考えている。他責とは、何かものごとがうまく運ばなかったときに、とりあえず他人のせいにすることであり、自責とは、これを自分に求めることである。

以前、私が社長を務めていたジョンソン・エンド・ジョンソンで、売上目標を前年比一〇%アップに置いていたにもかかわらず、実際には一%程度の伸びに止まった年があった。そのとき私は、課長以下営業マン一八〇余名から、売れなかった原因をどう考えるかというテーマで書かせて、匿名で提出させたのだが、そのほとんどがこういうものだった。

「売れる新製品が出なかったことに原因がある」

「広告宣伝が足りなかった」

「営業マンの数が足りない」

「価格が高いからコンビニで扱ってくれない」

「製品の差別化がなくなった」

「マーケティング力不足が原因だ」

この他にもまだだいっぱいあったが、いずれも他責の理由ばかりであったのである。自分の努力が足りなかった、仕事のやり方が悪かった、誠意の示し方が悪かったのかもしれないなどといった、売れない原因を自分に求める自責の持ち主は一人もいなかった。

営業は「製造が悪いからだ」、製造は「開発が悪いからだ」、開発は「購買が悪いからだ」といった具合に、それぞれ他の部署に責任を転嫁するというのは珍しいことではない。管

理職の中にも、

「会社の業績が悪いのは日本経済全体が悪いからで、どうしようもないことだ」

「バブルがはじけたせいだ」

「政府の経済政策が悪い」

「やる気のない社員が悪い」

と、他に責任の所在を求める人もいる。末端の社員が責任を他に求めるのはある程度分からないことはないが、管理職まで他責というのではリーダー失格と言わざるを得ない。そもそも「管理者とは問題解決者なり」という言葉があるとおり、マネージャーとは問題を解決するために存在すると言ってもよい。社内や部内に問題がなければとりたててリーダーや管理者は要らないという理屈になる。ましてや、殆んどの企業がそうであるように、会社の中に問題が山積していればいるほど、リーダーや管理者の存在価値が高いということになる。


ところで、営業マンたちから意見を聞いた後、私は「それぞれが自責で行こう。わが社の中に自責の風を吹かそう」という主張を続けた。すると、時間の経過と共に大きな変化が見られた。何か問題があると担当部長が、

「社長、これは自責ですね」
と、ニヤッとしながら私に話しかけるようになってきたのである。業績的にもその頃から改善が見られるようになった。

まず隗より始めよ。自分から自責でとらえる習慣をつけることである。ものを他責ととらえる、自責でとらえるというのは、習慣の問題である。良い習慣を自分が持てば、それは人間性形成につながる。企業全体が良い習慣を持てば、とりも直さずそれが企業文化になる。伸びる企業というのは自責企業。伸びる人というのは自責人間。ものごとを自責でとらえる習慣づくりに、まず自分から取り組んでいきたい。

三識——胆識のすすめ

リーダーは、「三識」を身につけるべきである。

三識とは「知識」「見識」「胆識」のことをいう。勿論程度問題ではあるが、最初の知識は誰でも知っている。簡単に言えば、情報やデータを持っていること、あるいはモノを知っていることである。次の見識は、知識に自分なりの見方、考え方という付加価値をプラスしたもの。最後の胆識は、見識にさらに決断力と実行力を加えたものである。

知識の段階でいる間は、単なる「モノ知り」にすぎない。テレビのクイズ番組で高いスコアを上げる人はとりあえずこの能力の持ち主ということになる。また、見識に止まっている限りは評論家であり批評家であり、学者の世界である。モノを知ってひと言、ふた言、意見を述べるだけの人である。こういう人たちには、企業の中でリーダーとしての役割を果たし、大きな仕事をやり遂げる能力も資格もない。リーダーとしてやっていくには、知識と見識を超えた胆識が必要だからだ。

何故なら、リーダーは評論家や批評家、学者と違って、結果を出す人でなければならないからである。そのためには、モノを知っているだけでは不十分。ひと言言うだけでも不十分。判断と決断とそれに断行の「三断」が伴わなければとてもリーダーは務まらない。前にも述べたが、この「三断」を私は「胆識の三断」と呼んでいる。

「三断」ができるためには判断力という知的能力に加え、決断力、断行力というハラの能力が要求される。必ずしも十分ではないデータや情報ベースでものごとを決断するには、「計算されたリスク」を冒すという勇気が要る。そういう断行力や勇気を持つリーダーをこれからの企業は必要としている。

「百聞は一見に如かず、百見は一考に如かず、百考は一行に如かず」とは、このことを言っている表現である。

四K——謙虚、向上心・向学心、価値観、感性

リーダーの地位につくと、とりあえず権力が与えられる。部下の昇進・昇給、ボーナスの査定、転勤などに影響力を発揮することが可能になる。それは部下の側から見れば生殺与奪の権が握られたことになり、本心から納得していなくても、とりあえずはついていくふりをしなければ、ということになる。

人には権力におもね、権力にへつらう傾向がある。自分が権力の座についてから近寄ってくる人の九八%は、自分の権力や立場につきまとう利益が目当てであると考えて間違いない。そして、そういう人は、ひとたびこちらが権力の座からはずれたら、洟もひっかけてくれない。リーダーを目指す人、リーダーの地位についた人は、この点には十二分に心しなければならない。

このところを取り違え、人が自分をチヤホヤするのは、自分の個人的魅力によるのだろ

う、などと思い込むのは、おかしくも悲しい幻想であり、錯覚である。

では、納得づくで部下を率いるためには何が必要か。いわゆる心服させるための基本的条件は何かというと、これまでにも述べてきたように権威である。その権威は、専門的能力でありマネジメント能力であり、人間的能力である。

このうち人間的能力についてこの章で語っているわけだが、ある意味で人間的能力の中核に位置しているともいえるのがこの4K、すなわち「謙虚」「向上心・向学心」「価値観」「感性」の四つである。この四つについて説明しよう。

①謙虚

前述したように、リーダーの地位につくと、周囲の人が揉み手をしながらすり寄ってくる。このとき、こちら側の真の人間性が問われると心得るべきである。もし、威張ったり高圧的な態度をとるようだったら、その瞬間、部下たちからの信頼を失うことになるだろう。

「実るほど頭の垂れる稲穂かな」という。実際、優れたリーダーや経営者には、謙虚な人が多い。私はこれまで、一流の経営者、一流の指導者と評される人物に何度もお会いする機会があったが、彼らの多くはみな、謙虚で謙遜であった。そんな人物に会うたびに、なるほど、一流と呼ばれるだけのことはあるものだ、と深く感じ入ったものである。

それに対して、中途半端な人ほど相手を見下したり、権威をカサに威張り散らしたりと、見苦しい態度をとったりする。相手が少しでも自分より地位が下だと思うと見下し、ちょっとでも上だと思うと媚びへつらう。それが、中途半端に成功した人物の嫌らしさと言ってしまえばそれまでだが、いずれにしても薄汚いことには交わらない。それならば、なぜ、一流の人は腰が低く、中途半端な人は見苦しいほどに威張ったりするのだろうか。理由は三つあると思う。

一つは、一流の人物は「三ジ」の持ち主である、ということ。「ジ」といっても「痔」を持っているわけではない。「実力」「実績」「自信」の「三ジ」、これを身につけているから、誰が相手でも謙虚でいられるのだ。

まず、実力がある。そして実力を発揮して実績を残してきた。その結果として、自分に本当の自信を持っている。だから、一流の人物はいまさら虚勢を張る必要がない。肩をそびやかして虚勢を張る中途半端な人とは質が違う。

二番目の理由としては、一流の人物であればあるほど、相手がどんな人であっても人間としての尊厳を認める姿勢を持っている、ということが挙げられる。組織の中の上下関係や肩書などは所詮浮世の仮の約束ごとにすぎず、人間が本来持つ価値とは何の関係もない。そのことを誰よりも知っているから、人を見下したりしないのだが、対して中途半端な人ほど、立場、年齢、学歴、収入などの違いによって人を差別したり、見下したりする傾向がある。今まで付き合ったいろいろな人の顔を思い浮べてみれば、誰もが体験的に知っていることであろう。

第三の理由は、二番目の理由の延長として、人の上に立って本当のリーダーシップを発揮するような人には、吉川英治氏の有名な言葉「われ以外、みな師」を信じ、実践している人が多い、ということ。若年者、後輩を含め、どんな人からでも何か学ぶべき点があるに違いない、それを学んでやろう、という気持ちの持ち主が真のリーダーなのである。

尊敬とか信頼という代物は、相手に要求するものではない。こちらに「三ジ」があり、相手の立場を認めて謙虚に接すれば、ひとりでに向こうから認めてくれるものなのである。

②向上心・向学心

よく伸びる人はよく学ぶ人である――これは、長年にわたってビジネスの最前線で闘ってきた私の体験から得た実感である。

およそリーダーの立場で腕を揮っているような人は、ありとあらゆる機会をつかまえて、貪欲なまでに勉強しようという人が多い。読書もさることながら、人の話に耳を傾けて何かを吸収しよう、何かを学ぼうという姿勢を常に忘れずに堅持してきたからこそ、リーダーという立場に到達することができたのかもしれない。

私自身、経営者の方々を前にしてお話をすることがあるが、立派な社会的立場にある方々が私の話に熱心に聴き入り、ときに頷かれたり、あるいはノートをおとりになる姿には、いつも感動させられる。ピーター・ドラッカーの言葉に「優れた経営者が持つ共通的特徴がある。それは、日々の自己革新を怠らないことである」とあるが、ビジネスリーダーになるためには、常日頃の自己革新という基本的な姿勢を忘れないことが大切である。

私自身のことを言えば、私は大学を出たての何もわからぬ新米時代から現在まで、さまざまな失敗やちょっぴりの成功や人間関係に揉まれ、読書では得られぬ貴重な体験をたくさんしてきた。そのおかげで、ものの見方が修正されたり広がったり、そしてときには曲がったり、とても一言では言えない多くの勉強をしてきた。ケンカもしたし転社もした。しかし、それらがすべて自分の勉強になっている。

なぜなら、どんな場合でも私は、会社のためだけには仕事をしてはこなかったからである。仕事の場を借りて学び、経験と人から教えられてきたのである。ある意味では会社を利用してきたとも言えなくないが、仕事を通して学ぶ姿勢は今でも変わっていないつもりである。

だから、部下や後輩には絶えず勉強するようにとアドバイスをしているのだが、ときには「一日四回メシを食え」ということもある。食事を四回とれということではない。三回までは米のメシを食べるが、もう一回は活字のメシ、つまり本を読むということである。一つの目安としては、一日最低三〇分は読書をするという習慣を自分のものにしたい。一時間はムリとしても三〇分なら誰でもできるはずである。一日三〇分でも一〇日で五時間、一ヵ月なら一五時間になる。一日三〇分読書するかしないかの差は考えている以上に大きい。

③価値観

いついかなるときでも自分の主義主張を貫くというのは、実に恰好いい生き方ではある。しかし、実際のビジネスの場には、妥協しなければならない局面ばかりが多く、自分の主義なり哲学なりを押し通すのは非常に難しい。そのため、ビジネスの世界に長く身を置いていると、妥協することに慣れきってしまいがちだが、それではいけない。確かに、ビジネスに妥協がつきものなのは事実である。しかし、何でもかんでも妥協をすると、いつしか自分を見失い、本来持っていた個性の輝きまで失ってしまうことになる。

優れたリーダーに共通して見られる際立った特質としては、ここまでは妥協してもこれ以上は妥協しない、という自分なりの信念なり理念を持っていることが挙げられる。組織やチーム全体を率いて目標達成に当たるに際しては、個人的な主張や勝手我儘は言わないが、「こういう問題、こういうテーマに関してだけはわがまま（我がまま）を通します」という自分なりの「文法」なり「座標軸」をしっかりと持っているのが、優れたリーダーというものである。

優れた企業には企業理念や哲学がある。だが、考えてみれば、企業というものは人が作ったものだから、優れた企業であるためには当然、優れた価値観を持ったトップリーダーが必要であるということになる。

右を向けと言われれば「はい」と右を向き、左を向けと言われればすぐに左を向くような人は、協調性のある素直な人と褒められるかもしれないが、所詮はそれまでで、人から尊敬されたり信頼されたりすることはない。「自分にとっての価値観」という、基本的ではあるが、基本的であるがゆえに極めて重要な命題を直視したいものである。

④感性

優れたビジネスリーダーは、感性の豊かな人でもある。

子どもの頃、ちょっとしたことにも感動したり、感激したりした体験は誰にでもあるはずだ。ところが、年齢を重ねるにしたがって、驚きや感激といった感性の泉は次第に枯渇してゆき、ついには感激したり、感心したりすることがほとんどなくなってしまう。それが大人になった証拠だという人もいるが、大人になったのではなく精神的に老化したから感性が鈍くなったのである。

精神が老化したら、刻々に変化していくビジネス社会に対応していくのは難しい。少なくともビジネスリーダーとして活躍することは不可能に近いと私は考えている。その理由はなぜかと問われれば、次のような論法で答えることにしている。

一、経営とは人・モノ・カネ・時間・技術・システム・情報などの資源を駆使して行なわれる行為である。

二、以上の諸資源を使いこなすのは「人」という資源であり、組織は「人」によって動かされる。

三、「人」とは理性も感性も備えた存在である。左脳も右脳もある。アタマもあるしココロもある。

四、したがって、「人」を効果的に使い、人を動かす立場の人には、理性に加えた感性の豊かさが求められる。欧米の経営者教育のカリキュラムの一部にシェイクスピアを学んだり、博物館見学が組み込まれていることがあるのは、そのためである。

やや理屈っぽく聞こえるかもしれないが、リーダーに瑞々しい感性が必要なのは一流のビジネスリーダーたちを見れば一目瞭然である。それだけに、リーダーたる者、あるいはリーダーたらんとする者はどんなに暦年齢を重ねようと、感性だけはいつも磨いておきたいものである。

では、ともすれば枯れがちな感性を若々しく保つには、どうしたらいいのか。何か秘訣はあるのだろうか。

秘訣というほど大げさなものではないが、感性維持のためのノウハウとして次の三つの方法を私は考えている。

第一は、「人生や生活に具体的な目標や課題を持つこと」。そうすれば、常に心の中に問題意識と好奇心とが生まれてくるはずで、感性は高まりこそすれ、枯れることはない。

第二は、「時々本物に触れること」。書画でも芝居でも、あるいはオペラでも、音楽でも何でもよい。ビジネスとは直接関係のない、その道その道での本物、一流のものに接することにより、とかく無味乾燥になりがちな心に潤いが生まれてくる。私自身は、時間を見つけてはオペラや音楽や歌舞伎を鑑賞するように努めているが、これが実に楽しく、オーバーにいえば魂の躍動感を感じるくらい感動的である。やはり、芸術にしろ何にしろ、本物はやはりひと味もふた味も違うものである。

第三は、「違う人とつき合うこと」。自分の目や耳や心に入ってくる情報や感性の幅を広げるために、若い人なら年輩者と、年輩者なら若者と、メーカーならサービス業の人、サービス業ならメーカーの人といった具合に、意図的に違う人との接触を図ること。これが感性を瑞々しく保つ上で非常に役立つはずである。

もちろん、社員同士の相互理解やコミュニケーションは大切ではあるが、一年三六五日、一日二四時間つき合うのは同じ会社の社員だけ、というのではあまりにも寂しいし、第一、損でもある。

五S——スキル、強さ、感受性、スマイル、自己犠牲

ここまで読まれて、リーダーには何と求められることが多いのだろう、と驚いて辟易している人もいるのではないだろうか。だが、驚くにはまだ早い。「一流」であろうとするならば、リーダーに求められる人間的能力はまだあるのだ。この章の最後に五Sをあげておきたい。それは、スキル(Skill)、強さ(Strength)、感受性(Sensitivity)、笑顔(Smile)、自己犠牲(Sacrifice)の五つである。

①スキル

一番目のスキル(Skill)とは、これまで何度も述べたように、専門能力、マネジメント能力など、その人個人が身につけた能力、技術、伎倆、知識などを指す。これがなければ、とてもリーダーは務まらないし、もしリーダーの立場に立ったら、権力で強制的にでも部下を動かさざるを得なくなる。そんなことにならないためにも、充分なスキルを備えておきたいものである。

②強さ（Strength）

相撲の世界では心技体が三つ揃わなければ横綱になれないという。これをビジネスリーダーの条件に置き換えると、心は人間的能力ということになるだろう。次の技は専門的能力とマネジメント能力に相当する。つまり、心技とは、私がいうところのビジネスリーダーに求められる能力の二本柱の二本ということになる。そして、もう一つの柱が強健な体であり、これもまたリーダーには不可欠な条件といえる。

実際、財界や政界を見ても、矍鑠たる老青年が多いのには驚かされる。病身を武器にして、人に目いっぱい任せ、企業を育て上げた故・松下幸之助氏という希有の例外を別にすれば、一流のリーダーと呼ばれる人の中には肉体的タフネスを誇っている人が圧倒的に多い。レイモンド・チャンドラーも「男は強くなければ生きていけない」と自分の小説の主人公に言わせている。まして、リーダーにおいてはなおさらである。

私も、心技はともかく、肉体の強さには自信があった。「早稲田大学ボディビル学部出身」と自称するほど、若いときから体格および体力づくりに熱心で、アイアンマン（鉄の男）などという異名をとるほど身体には自信があったが、年齢とともに体力に自信がなくなりつつあるのも事実である。そこで私は、四、五年前から週二回、各々一時間半を早足で歩く習慣をつけ、努めて健康に気をつけるようにしている。

若い頃はさして長生きしようとは思っていなかったが、中年を過ぎると、やり残したこと、もっとやりたいことがどんどん出てきて、時間がとても貴重に感じられてならなくなった。限られた残りの時間を効率的に使うためには、何といっても健康が一番。ビジネスの最前線であと何年闘えるか分からないが、健康に留意して、いつまでも若々しく肉体を保つよう自分なりの努力を続けようと考えている。

リーダーには精神的強さも求められる。精神的強さとは、逆境や厳しい試練の場に立たされても動じぬ力強さのことである。これを「力の塔」(Tower of strength) という。仕事がうまくいかない場合、失敗と諦めないで、一時的な挫折とみなすことができるか否か、この差の累積的効果は恐ろしいほど大きい。アメリカの一流企業数百社の社員を対象とした調査によると、彼ら社員から見て、もっとも望ましい上司というのが、逆境や苦境に動じない上司だという結果が出ている。

「事業を行なって失敗しない方法が一つある。成功するまで諦めないことだ」――松下幸之助氏の言葉である。

以上の身体的強さと精神的強さの二つの強さは、私の見た限りでは、一部の例外を除けば、表裏一体の関係にあることが多いようだ。

③感受性（Sensitivity）

ここでいう感受性とは、「相手の立場や気持ちに対する思いやり」ということである。「相手の靴をはく」という英語の諺がある。自分を相手の立場に置いて、部下や人の痛み、やるせなさ、つらさ、悲しさが分かるような心がなければ、人を心から納得づくでリードすることは覚束ない。

アメリカでMBA（経営修士号）と言えば、一応エリートの資格である。ところが、そのエリートの評判がいま一つパッとしない。会社に就職後、躓くケースが多いのである。その理由はどの辺にあるのか。私なりに考えると、彼らには感受性が欠如しているのではないかという気がしてならない。頭は切れるし数字や理論武装はできている。そのうえ立派に弁も立つものだが、どうもいま一つ周りの人がついてこない。自分の考えだけを一方的に能弁に論理的にまくしたてはするが、相手の気持ちを推し量ったり、相手からも学ぼうという姿勢や雰囲気が伝わってこないからである。

先に紹介したレイモンド・チャンドラーの「男は強くなければ生きていけない」の後半は、「やさしくなければ生きていく資格がない」である。強さ（タフさ）と感受性（やさしさ）……一見、両極のように見える二つの資質。実は、この二つがビジネスリーダーたらんとする人には欠くことのできない重要な条件であると私は信じている。

上司・上長の中には、職場の中で部下を怒鳴りつけたり、罵倒したりする、気持ちの荒い人も決して少なくない。とくに、企業を私物化したオーナー経営者やワンマン経営者を売り物にしている経営者に、この種の人が多いようである。しかし、私に言わせれば、これらの人々は、ラフであってもタフとは言えない。タフ（強さ）とラフ（粗野）とは明らかに別の資質だからである。人を統率するリーダーの条件には、タフさこそ要求されるが、ラフさは不要である。

ラフさを売り物にしている経営者や上司に最も欠けている資質が、これがなければ「生きていく資格がない」と言われているやさしさであり、人に対する感受性である。人間はどんな人でも、すべて喜怒哀楽の情を持った感情の動物である。そして企業は、その人間の集まりである。したがって、トップに立つリーダーたる者、部下に対する思いやり、やさしさが欠けているようでは、リーダーの器とは言えない。

④笑顔（Smile）

スマイルといっても、一年三六五日、一日二四時間、いつも笑っている、という意味ではない。幸運や逆境に際して有頂天になったり、反対にガックリと落ち込んで不機嫌な顔を、人に、とくに部下に見せたりしてはいけないという意味である。「得意澹然、失意泰然」という言葉があるが、厳しい状況のときこそ、リーダーはやせ我慢でもいいから、ゆったりと落ちついたイメージを周囲に与えたいものである。

リーダーとは文字どおり人をリードする立場の人間であり、リーダーの下には多くのフォロアーがいる。そのフォロアーにガックリと落ちた肩を見せたら、どういう結果になるか。士気は落ち、戦意は喪失し、意欲は減退するはずである。

「あの社長（部長、課長）は、今日は機嫌が悪そうだから……」と顔色を窺われるようだったら、上司としてはとりあえず落第である。その瞬間からリーダーとしての相場が暴落すると考えていい。部下は見ていないようで、いつも上司の顔色を見ているものなのである。

それなりの数の部下を統率して企業目的に向かって邁進するリーダーにとって、スマイルは不可欠の条件だと言っても過言ではない。こういうトップリーダー層がいる会社や職場は、自然と雰囲気も明るくなごやかなものになる。逆に、いつも苦虫を嚙みつぶしたような顔の経営者、いつも怒号して社員から恐れられている経営者の下では、明るく楽しい雰囲気など作れる筈がない。リーダーたらんとする者は、それなりの計算にもとづいたとき以外はやたらにしかめ面を人に見せてはならないのである。そんな心に余裕のないリーダーでは、人をうまく統率することは覚束ない。

とまあ、偉そうなことを書いてしまったが、私の場合、自分から感情や態度がすぐに顔に出る傾向があった。部下に顔色を窺わせるような上司だったわけだ。これでは困る。そこで、なるべく平然とした態度を崩さないようにするため、朝、会社に行ったらまずトイレに入り、鏡を相手に数回、笑顔をつくる練習をすることにした。笑顔が消えないままに人と接する。これは今でも続けている。

平静さを保つための手段、方法、心がけはさまざまあり、人により向き、不向きがあるが、誰でもできる簡単な方法としての「スマイル作戦」は、外面が内面を律することのできき得る、効果的な例ではないだろうか。

⑤自己犠牲（Sacrifice）

五つのSの中で最も難しいと考えられるのが自己犠牲（Sacrifice）である。ときと場合によっては全体のため、人のために自己犠牲をするにやぶさかではない、という気持ちと姿勢と行為のことであり、これは本音でいうと、そう容易ではない。

究極の話として、こんなジョークがある。

船が難破した。全員がライフボートで逃げようとしたが、容積の関係で誰か大人が一人、救命具をつけて海に身を投じ、他の全員を救わなければならない。この自己犠牲をイギリス人に説得するのは「それは紳士のすることです」と言えばよい。ドイツ人が相手だったら「船長の命令である」。イタリア人に対しては「海に身を投げるのは違法ですよ」で済む。アメリカ人だったら「心配しなさんな。あんたにはたっぷり保険がかかっているよ」。日本人だったらどうか。日本人を説得するのだったら、誰かがそばに寄って「みなさんも飛び込んでいらっしゃいますよ」とささやけば、集団行動に慣らされている日本人は、ザンブリと身を投げる。

以上は日本人の集団志向をからかった国際ジョークの一つだが、「究極の自己犠牲」とは、このようなときに、人から説得されるのを待たずに、自ら海に身を投じるような行為を指すのだろう。

これは多少極端な例としても、世のため人のため、部下のために、自分の持てる何かを犠牲にできる気持ちが、本物のリーダーには求められるのではないだろうか。

もう一つ、最後に極めて現実的な例をあげると、部下というものは、上司が一流のフランス料理店で上等のワインつきフルコースディナーを、会社の経費でご馳走してくれた場合よりも、たとえ場末の焼きとり屋であっても、自分のポケットマネーでおごってくれた場合のほうが喜ぶものである。後者には、軽度ではあるが、自己犠牲の香りを感じるからである。

いずれにせよ、リーダーには自分の何かを犠牲にできる気持ちが必要なのは間違いない。これは私自身にとっても永遠の課題である。

第四章

フューチャーリーダー　七つの条件

フューチャーリーダーには何が求められるか？

政治、経済、社会すべてにおいて激動を続ける現代から将来に向けて、国際的に通用する真の実力あるリーダーとはいったいどのような人なのだろうか。私自身、いつの時代もリーダーに求められる条件は、基本的に変わらないと考えている。ただ、将来のリーダーには、これまで述べてきたリーダーの条件にプラスαが求められるのは間違いない。

そこで、これまで述べてきた内容を簡単に整理すると、226ページの図のようになる。

一番上の「機能的・専門的能力」は、言うまでもなくマーケティングや営業、経理、人事といった専門業務に関する能力である。

そのすぐ下に位置するのは「普遍的ビジネス能力」。英語力やコミュニケーション能力がこれに相当する。

その次に、マネージャーとして要求される「マネジメント能力」がある。これが仕事を回転させる能力であるのは前に述べたとおりである。

その下に位置する「人間としての教養」と共に、すべての能力の土台となるのが、最も

プロフェッショナルリーダーの条件

機能的・専門的能力

マ	営	計	技	製	購	人	etc.

普遍的ビジネス能力

コミュニケーション力	英語力	国際性	IT力

マネジメント能力

仕事（PDCA＋CC）	人（方向性、権限委譲、納得目標、評価と報酬）

人間としての教養

人間的能力（PROのマインドセット）

重要な「人間的能力」である。人間的能力とは、常に前向きで強い自責感、目標達成意欲などを意味し、これを持った人が真のリーダーということになる。

さて、将来のリーダーは、これらに加えて何を身につけなければならないのだろうか。これには、以下の七つの条件がある。

ビジョン――大義はあるか？

企業をリードしていくためには、ビジョンが必要であるということはすでに述べた。しかし今後、ますます混迷を極めるであろう世界情勢を考えれば、ビジョンを明確にすることがさらに求められるのではないだろうか。

会社は何を目指すのか。自分たちの企業活動は何のために必要なのか。これらを明確に示さなければ、人がついてこない時代がやってくるだろう。経済的に豊かになった今日、ただただカネのためだけに働こうという人は少なくなってきている。社会福祉など、カネ以外の何か社会的意義のあること、夢のあることに生涯をかけて取り組もうとする人が増えてきている。それは、能力的にも人間的にも優れている人に色濃く見られる傾向で、そういう人たちに対してどのようなビジョンを提示できるのか。それがこれからのリーダーにとって切実なテーマになるに違いない。

また、地球環境が危機的な状況を迎えているのは周知のとおりだが、それに対して企業活動はどうあるべきか、という問題もある。地球の温暖化、砂漠化、オゾン層の破壊……。これらの原因には企業活動が大きく関わっており、この面からの問題解決能力も問われることになるだろう。

これまでは、ただ単に利潤を追求するだけというのでも、企業は成り立っていた。だが、これからの時代、それだけでは人がついてこないのは明らかだ。

利潤追求と同時に何か価値あるものを追求する。単なる売上げや利益を超えた「大義」と言ってもよい。それは、企業文化ということにもなるのだろうが、企業文化なり企業哲学なりを大事にしながら、どうやって利益を生み続けるのか。その能力があるか否かに、一流のリーダーになれるかどうかの分かれ道がある。

但し、どんなに企業文化が大事であると声高に叫んだところで、いまの若い人には通用しない。企業文化という目標を達成するための仕組み作り、仕掛け作りをきちんとやらなければ、若い人はついてこないのである。その仕組みづくりで一番大切なのは何かといえばプラン。とくにすなわち長期プランが重要である。

プランには戦略と戦術とがある。よく言うことだが、戦術の失敗は戦略で補うことはできる。しかし、戦略の失敗を戦術で補うことはできない。だから企業にとっては戦略が非常に重要になってくるのだが、リーダーにこの能力があるかどうか。これも企業の発展に大きく関わってくる。

いずれにしても、激動する時代の中で明確なビジョンと、それにもとづいた戦略を提示できるだけの能力がフューチャーリーダーに求められるのは、間違いないところである。

先見性──「空気に爪を立てる」

一部の評論家や批評家のように、全体の現象のごく一部を取り上げて大げさに騒ぎたてるつもりはないが、かなり抑えて考えてみても、現在は世界的に激動の時代に突入している。ベルリンの壁の崩壊に端を発したアッという間の東西ドイツの統合、ＥＣ統合、ソ連の解体と、ついこの間までは予測さえしなかったような事件が相次いで起こっている。

変化は何も政治の世界に限ったことではない。ビジネスの世界でも驚くべき速さでグローバリゼーションの波が各国を襲っている。現在では、東南アジアに端を発した経済破綻がアジア全域に襲いかかっているし、日本でも、金融ビッグバンという大変革の波に銀行や証券会社が右往左往している。また、北朝鮮やイラクがどうなるのかという、目を離せない問題もある。

こうした激動が数年前に予想されただろうか。しかも問題を複雑にしているのは、グローバル化が進んだ結果、一国の動向がその国だけに止まらず、他の諸国にも影響を及ぼしている、ということである。大げさな表現が嫌いな私でさえ、「激変・激動・激震の時代」という表現を使いたくなるくらいだ。

明日の予測が難しい時代では、過去を直線的に延長しても、大方の場合は無意味な作業に終わってしまう。マクロの面でもミクロの面でも、将来を読むことが難しくなっている。だからこそ、将来に対する長期的なビジョンや方向性を示して人を正しく導く能力を持ち合わせたリーダーが求められてくる。従来の経験則だけに頼っていたのでは処理しきれないような、短期的な変動や不測の事態に的確に対応することのできる人、本物の指導者が要求されているのである。

そうしたリーダーになるには、つねに問題意識を持ち続けると同時に、これまで述べてきた感性であるとか、あるいは情報収集能力に一層の磨きをかける必要があるだろう。『週刊朝日』の名編集長だった故・扇谷正造氏の言葉に「空気に爪を立てる」という言葉があった。何もないようなところに爪を立てて問題を探るという姿勢が求められるのではないだろうか。

いずれにせよ、フューチャーリーダーにとっては誤魔化しの利かない時代を迎えていることだけは確かである。

人財育成マインド——会社づくりは人づくり

リーダーの使命の一つに、自分の後継者をつくる、という命題がある。仕事を推進して結果を出すだけでなく、人作りもリーダーの大切な仕事なのである。

では、人はどうやって育つのか。権限委譲のところで述べたが、さらに加えるなら、個立を助けること。すなわち一人の人間として立派に自立するのを助けること。これもリーダーにとって重要な仕事である。

人は誰でも自尊心があり、基本的にフォロアーであることを望んでいない。必ずしもリーダーになりたいということではないが、他人に追随するのではなく、個立したいと願っている。その人たちに対して、どれだけ支援することができるのか、その方法は何なのかといえば、簡単な話、226ページに示したプロフェッショナルリーダーの条件を、段階を追って一つずつクリアさせていくほかない。専門的能力に欠けていれば専門的能力を、普遍的能力に不足していれば普遍的能力を、といった具合に、それぞれに対応して、最終的には人間的能力を高めるようにする。それが部下を指導する際の最も合理的かつ効果的なシステムではないかと私は思っている。

だが、これを実践するとなると、口でいうほど簡単ではない。自分のことなら自分でマネージすることができるが、人のこととなると、なかなか思うようにならないのが常である。とくにリーダーが苦労するのが、やる気を高めるということではないだろうか。部下がなかなかやる気にならない。燃えない。そんな悩みを抱えている経営者は少なくないが、それには先にも述べたように権限を委譲するとか、正しい評価をするとか、いろいろな方向からあの手この手でアプローチを試みるしかない。

また、人を教育するとなるとけっこう金がかかる。金も時間もかかるし当面の業績にはあまり影響はないからついつい手を抜こうという誘惑にかられがちなのだが、これでは会社の将来はない。将来性のある会社とそうでない会社の差の一つは、常に一定額もしくは一定率のおカネを人材の価値を高めるために投資し続けているか、または好不況により教育費を大幅に変動させているか、という点であると私は考えている。少なくとも個立のできる人を育てようとするには、夢と希望を与えながら、一貫性と継続性を伴った「人財開発」が必要である。

グローバルマインド——複雑性・異質性のマネジメント

グローバル化が進んだ企業では現在、外国人に混ざって日本人が働く、という状況になっており、上司がアメリカ人、部下がドイツ人といったビジネス環境の中で、どのようにリーダーシップを発揮しているのか。これが切実な問題になっている。遅かれ早かれ、多くの企業が同じような問題を抱えることになるのは間違いない。そうなったとき、リーダーたる者、どう対処していったらいいのだろう。

改めて言うまでもなく、国にはそれぞれの文化や習慣があり、人は自国の文化や習慣を背負って生きている。そうした人種、文化、習慣の異なる人が構成する組織の中で、相互に理解し合うのは決して簡単ではない。私自身の体験から言えば、文化や習慣を理解するのは、言葉の壁を乗り越えるよりはるかに難しい。

例えば、納期が迫ってきたとき、日本人なら徹夜してでも頑張るが、一部のエグゼクティブを除いて、ふつうのアメリカ人にはそこまでやるという姿勢がない。怠け者というのではなく、会社のために自分の生活を犠牲にしてまで働くという思想がないのだ。そんなアメリカ人に向かって、「今日は徹夜で頑張ってくれ」などと言おうものなら、「クレイジー!」という言葉が返ってくるに違いない。

本格的なグローバル時代が目前に迫っている今、リーダーたらんとする者はどうしたらいいのだろう。私なりに考えると、やはり若い頃から積極的に国際社会に出ていくこと、これ以外にないと思う。それには留学するなど海外生活を体験するのが一番だが、それが不可能なら、日本国内にある国際交流組織に参加してもいいだろう。探してみれば、機会はいくらでもある。要は、引っ込み思案を捨て去って、少し無謀なぐらいに外国人の中に飛び込んでいくことである。積極的な交流を図れば、言葉と同時に文化や習慣を学ぶことができる。

柔軟性――状況即応・先取り能力

リーダーは大きく「創業型のリーダー」と「守成型のリーダー」に分けられる。前者は無から有を生み出すことを得意とするタイプで、新しい企業を設立するときや、既存企業に大きな変革が求められる場合などにふさわしい。後者は、でき上がった企業や体制の基盤を守り、育てていくタイプで、ときと場合によってはこういうタイプのリーダーも必要である。

しかし、激動を続ける現在では、間違いなく創業型のリーダーが求められているのは言うまでもないだろう。

バブル崩壊後の後遺症からなかなか立ち直れない日本経済は今、規制緩和、市場開放、金融ビッグバン、行政改革などの変革に追い打ちをかけられて苦しんでいるが、好むと好まざるとにかかわらず、大きな変化が起こりつつあるのは事実である。

ものごとが大きく変わることを「大変」という。時代が大変しているときに、こちらが手をこまねいていては、間違いなく立ち遅れてしまう。こちらも大変しなければ「大変なこと」になってしまう。

現在のような大変の時代には、企業も人も自ずから次の三つに分類される。

①変化をチャンスととらえて、自社の成長や発展に結びつけることのできる企業や人

②変化についていくことのできる企業や人

③変化に取り残される企業や人

このうちどの企業になるかは、ひとえにリーダーの力量にかかっていると言っても過言ではない。では、変化に対応でき、かつまた変化を機会に企業を発展させることのできるリーダーとはどのようなリーダーなのだろうか。

ついこの間までは、「源氏、陸軍、国内派」に対する「平家、海軍、国際派」という比較があった。前者が主流、後者は非主流であるという見立てである。

国内派経営者というと、すぐに頭に浮かぶのが「御神輿《みこし》経営」という言葉である。一定のアバウトな方向性は示しても、細部は部下に任せ、後はよきに計らえ、という経営の型が御神輿経営である。この御神輿経営では、自分がトップの座についた背景に年功序列の所産があり、トップの椅子に座った後は、前任者の路線の継承を旨とする。年功序列人事であるがゆえに、必然的に高齢者が多い。

会社をよくしようという改善志向はそこそこあるが、創業者的な大胆な着想や行動は微塵もない。大所高所に立って人の和を保つという強みはあるものの、ダイナミックな指導力には欠けている。すべての発想は日本国内のみに限られている。英語アレルギー症でもある。

これに対する国際派経営者というと、まず第一に、数年間の海外勤務経験がある。したがって外国人との交友関係も広い。もちろん英語で対等に議論ができる。多くの場合、日本の大学卒に加え、ＭＢＡ資格を持っている。日米両方の経営の特徴を充分に認識していて、状況に応じて使い分けることもできる。平均的に年齢も若い。前任者の路線を乗り越えて変革を図ろうとする。御神輿を自分でも担ぎ、必要に応じて自ら陣頭指揮に当たる。改善に加え改革を重視する。

以上のような総論的比較を頭に置きながら、各論としての現実に目を向けると、現在の日本は明らかに国際派のトップを求めている。頭が柔軟で、変化に即応する能力を身につけているのが国際派トップである。

二一世紀を迎えようとしている今、国際派のビジネスリーダーに対する需要はますます高まりつつある。

論理性——LN+GNN

グローバルな時代にはグローバルに通用するビジネスセンスを持ったリーダーが求められる。では、グローバルに通用するビジネスセンスとは何だろうか。私は、これを「LN」をコアに置いて、それを「GNN」で包んだものであると位置づけている。「L」とは論理(Logic)を意味し、「N」とは数字(Number)のことである。つまり、「LN」をコアにしているということは、ものごとを説明したり、相手に納得してもらう場合に、数字の裏づけをもった論理を主な武器として使える、ということである。

日本的なリーダーには、この側面が欠けているきらいがある。日本の経営者はアバウトな指示しか出せない、言うことがファジーである、と外国人に思われてしまうのは、そこに原因があるのではないだろうか。「上役の指示はファジーでぼくビジー」というビジネス川柳もある。

グローバルなビジネス社会が求めるリーダーシップは、進むべき方向、ビジョンや顧客重視、品質重視の姿勢を部下に明確に示し、その路線に沿った目標設定と実行、そして達成度の測定、公正な評価と処遇などを行なう。これは従来の日本型のリーダーのスタイルと比べると、事実にもとづくデジタル型のリーダーシップと言える。

日本のビジネス社会でも、この動きはすでに始まっている。年功序列の給与体系から業績・能力主義への急速なシフトや、終身雇用制から年俸制の導入などの話題が毎日のように新聞紙上を賑わしているのを見ても、それは明らかである。

こうした時代に必要なのは、LとN、すなわち論理的で数字に裏づけられた結果責任なのである。現在、私が副社長を務めているフィリップスの日本法人の最高経営チームは、二人のオランダ人と日本人の私との三人で構成されている。相当、会議慣れした私だが、毎週月曜日の朝に開かれる経営会議のときなど、正直言って、クタクタに疲れることがしばしばある。国際ビジネスの経験のある方はお分かりと思うが、外国人の彼らには抽象的で数字の裏づけがない話は全くと言っていいほど通じないからだ。「まあ、こんなところでどうでしょうか」とか「しかるべく」とか「よしなに」といったグレー色の甘えは存在しないのである。

一方、日本の社会で、主として日本人を相手に生きている私たちにとって、そうやたらに論理性だとか数字だとかで攻められると、肩が凝るし、ギクシャクしてくるのも事実である。そこで堅苦しい「LN」を「GNN」、すなわち義理と人情と浪花節で包み込むという配慮が大切になる。日本人を相手に「LN」を強調しすぎると、説得はできても納得や共感を得ることは難しい。

「LN」というハードを基本にした姿勢は貫かなければならないが、それをふんわりとした「GNN」というソフトで包み込むバランスが必要になるのではないだろうか。

日々の自己革新——人テクと才テク

リーダーたるもの、いかなるときであっても、自己啓発する姿勢を忘れてはならない。とりわけ、グローバルな時代を迎えている今、リーダーは率先垂範して自己啓発に励むべきである。

それには本を読んだり勉強会に参加したりして、知識や情報量を増やすのもいいだろう。だが、それにも増して大切なのは、人との直接的な接触である。優れた人に触れることから得られるものは、本や雑誌などから得られる知識や情報では及びもつかないほど、貴重なものであることが多い。よい人づき合いは、単なるビジネスの参考というレベルを超えて、人間的な成長を促してくれる根源である。

私のケースで言えば、三〇代のときのデール・カーネギーとの出会いがそれだった。友人の推薦で「効果的な話し方と人間関係コース」というセミナーに出席することになった。当時の私は、人前で話すと、足がガタガタと震えるほど、内気で、スピーチが苦手だった。それが、このコースに出たことがきっかけとなって、人前で話すことを楽しむことができるようにさえなったし、更に有難いことに、モノの考え方が肯定的になった。つまり、表面の態度という外見と、積極的にものごとを考えていこうという内面的な習慣が身についたのである。

ほかにも、教育者、学者、芸術家、評論家、ジャーナリストなど、ビジネスとは異質の世界の人たちとの交流を通して、思いがけない知識や情報や感性を得ることができたが、これらは意外なところで仕事に役立ったりすることもある。

私が培ってきた師（メンター）や友人・知人のヒューマン・インベントリー・リスト（人的財産目録）はざっと二〇〇人。これが多いか少ないかの判断は人さまざまだろうが、私としては、大切なのは何といっても質であり、数は二の次三の次だと言いたい。

さて、その質を高めていくための方法だが、これはもちろん相手に対して礼節を尽くすこと。これが第一である。次に自分の人財価値を高めるためのカネを惜しまないこと。これも大切である。

いわゆる財テクがはやったのはもう何年も前のことだが、これからの時代、財テクより人テク、才テクを重視すべきである。人テクとは、高品質の人脈づくりのための投資であり、才テクとは、自分の才能を高めるための投資である。

またまた私事になって恐縮だが、私はいま現在、「新塾《あたらし》」という集まりを持っている。これには新聞記者、経営者、学者、評論家など、さまざまな分野の人間が参加しているが、ここから得られる知識、情報は、書籍から学ぶそれとは比較にならないほど豊富である。もちろん、人生や世界を見つめる目を養うこともできる。

自己を啓発する上で、人脈ほど役立つものはない。リーダーを目指すなら、ぜひともいまから人脈づくりに着手したいものである。次に、私の人脈づくりの方法をご紹介したい。私はいまも昔も以下のような方法で人脈づくりに励んでいる。

①未知の人との出会いの場に近づく。仕事がらみの同業他社や得意先との会合や勉強会などのチャンスはなるべく積極的に顔を出している。仕事以外のスポーツクラブや同窓会なども同様である。ある人に言わせると、同窓会は人脈の定期預金だという。つまり、

しばらく放っておいても、それぞれが成長しているので、旧交を温めさえすれば利子がついて返ってくる、という訳である。ともあれ、機会をとらえて未知の人、既知の非血縁でも縁の遠くなってしまった人に会うことが、人脈づくりの一つの方法である。

②友人や知人に紹介してもらって人脈の輪を広げる。「この分野に得意な人いない？」と言っては、次々に紹介してもらえば、自ずから人脈が広がろうというものである。

③講演会やセミナーでの人探し。もちろん講師との交流を図ってもいいが、出席者同士の交流を心がけることも人脈づくりに役立つ。

以上の三点を心がけていれば、人脈は数年間で広がる筈である。

「人情、紙の如し」と言われる昨今だが、こうして出会った人たちと定期的に会合を持ったり、あるいは手紙を出し合ったりしていけば、素晴らしい「人情ネットワーク」、つまり「人」と「情報」のネットワークが作り得るのではないか。実は、そうして作ってきたのが「新塾」である。人脈が広がれば自然と情報の量と質が高まって、「人情ネットワーク」も広がっていくもの。将来のリーダーを目指す若い人には、いまから「人情ネットワーク」作りに着手されることをお薦めする。

著者紹介

新　将命（あたらし　まさみ）

1936年東京生まれ。1959年早稲田大学卒業。59〜69年シェル石油㈱でマーケティング、営業、企画等を担当。69〜78年日本コカ・コーラ㈱でブランドマネージャー、関西営業本部長、市場開発本部長等を歴任、この間2年半にわたりコカ・コーラ・カンパニー・オブ・アメリカに勤務しマーケティングを担当する。78〜90年ジョンソン・エンド・ジョンソン㈱コンシューマー事業部担当常務取締役、専務取締役を経て、82年1月代表取締役社長に就任。90年3月任期満了を期に退社後、同年5月㈱国際ビジネスブレインを設立。1995年日本フィリップス㈱代表取締役副社長に就任。

外資系企業でのビジネスライフで培った国際ビジネス感覚と日本的感覚とをバランスよく取り入れた、わかりやすく現実的な経営論、人材論、自己啓発法には定評がある。

著書に『図解リーダーシップ』『こういう上司に私はなりたい』『自分を高め会社を動かす99の鉄則』『社長で成功する人　会社を伸ばす人』『能力革命』『一流の指導者』『TQM［経営品質］の高め方』、訳書に『リーダーシップIQ』他多数がある。

住所　〒262-0021　千葉市花見川区花園町1574
☎　043-273-8479
FAX　043-273-4100

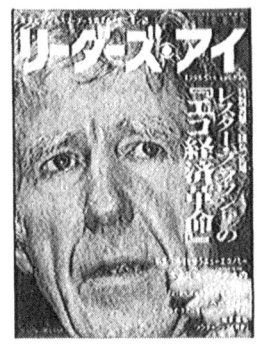

Future Leader

Published by Tachibana Shuppan, Inc.

Republished in cooperation with toExcel,
a strategic unit of Kaleidoscope Software, Inc.

For information address:
toExcel
165 West 95th Street, Suite B-N
New York, NY 10025
www.toExcel.com

ISBN: 1-58348-144-3

Library of Congress Catalog Card Number: 99-60383

Printed in the United States of America
0 9 8 7 6 5 4 3 2 1

www.ingramcontent.com/pod-product-compliance
Lightning Source LLC
Chambersburg PA
CBHW020740180526
45163CB00001B/293
* 9 7 8 1 5 8 3 4 8 1 4 4 8 *